Gewürze

Gewürze

Gesunde Öle, raffinierte Kochrezepte und stilvolle Geschenke

Tessa Evelegh

Mit Fotos von Michelle Garrett

Bechtermünz Verlag

Erstveröffentlichung in Großbritannien durch Lorenz Books
Lorenz Books ist ein Imprintverlag von
Anness Publishing Limited
Originaltitel: Spicecrafts

Deutsche Erstausgabe

Produktion der deutschen Ausgabe:
Neumann & Nürnberger, Leipzig
Übersetzung: Regina van Treeck
Fotografie: Michelle Garrett
Designer: Nigel Partidge
Gesamtherstellung: Khai Wah-Ferco PTE. LTD., Singapore
Printed in Singapore

ISBN 3-8289-1516-7

INHALT

Einführung 6

Kapitel Eins

Die Geschichte der Gewürze 9

Kapitel Zwei

Verzeichnis der Gewürze 17

Kapitel Drei

Dekorative Gewürze 29

Kapitel Vier

Duftende Details 55

Kapitel Fünf

Aromatische Gewürze 77

Kapitel Sechs

Köstliche Geschenke 101

Schablonen 124

Stichwortverzeichnis 126

Danksagung 128

EINFÜHRUNG

… da gab es Gärten, glitzernd von gewundenen Bächlein, wo so mancher duftende Baum gedieh …
NACH: SAMUEL TAYLOR COLERIDGE (1772–1834), KUBLA KHAN

Ob scharf oder mild aromatisch – Gewürze waren seit jeher so hoch geschätzt und begehrt, daß sie sogar den Lauf der Geschichte veränderten. Die Macht der Gewürze war so groß, daß man um sie Kriege führte, ihretwegen Kontinente entdeckte, List und Täuschung anwendete, um ihre Herkunft geheim zu halten. Dabei sind sie eigentlich nichts anderes als getrocknete Pflanzenteile. Doch eingeschlossen in die Rinden, Wurzeln, winzigen Samen, Blüten und sogar Staubgefäße dieser geschätzten Pflanzen ist eine Fülle an Wohlgeschmack, Aroma und Duft, die man schon in alten Zeiten verwendete, um die Speisen zu würzen. Über die Jahrhunderte wurden die Gewürze wegen ihres Wohlgeruchs, ihrer Heil- und Würzkraft zum Inbegriff für alles, was Körper und Sinne anregt.
Dennoch verwenden wir Gewürze heute kaum zu etwas anderem als zur Geschmacksverbesserung unserer Speisen. Gewürze stellen wir uns meist als ziemlich kleine, braune, getrocknete Pflanzenteile vor. Aber selbst etwas so Unscheinbares kann, wenn man nur etwas Geschick darauf verwendet, überwältigend aussehen; und in der Tat lassen die Vielfalt der Farben und Formen unserem Einfallsreichtum einen breiten Spielraum. Fleischige rote Chillies und elegant gerollte Zimtstangen bieten großartige Möglichkeiten, ebenso die weniger auffälligen grünen Kardamomkapseln, die korallenroten Beeren des Pfefferbaumes, die wie zerschlitzt aussehende, dunkelgelbe Muskatblüte und die schön strukturierte Muskatnuß. Charakteristisch für sie alle ist das köstliche Aroma, das dafür sorgt, daß die meisten Dinge, die man aus Gewürzen fertigt, den Raum mit ihrem exotischen Duft ausfüllen. Außer den angenehmen natürlichen Düften, die sie verbreiten, können Gewürze nach den Theorien der Aromatherapie jedoch auch unsere Stimmung aufhellen und entspannend wirken, während andere wiederum anregen.

Die eleganten, sattbraunen Zimtstangen gehören zu den dekorativsten Gewürzen.

Um mit Gewürzen zu arbeiten, bedarf es zwar keiner besonderen Fachkenntnisse, doch möglicherweise stellen Sie fest, daß sich Ihre speziellen Interessen gut auf solche Arbeiten anwenden lassen. Wenn Sie gern nähen, dann probieren Sie es einmal mit den duftenden Kissen und Säckchen oder mit den gepolsterten Kleiderbügeln; wenn eher Trockenblumen ihrem Stil entsprechen, dann werden Sie mit Vergnügen die hier gezeigten Kränze, Formbäumchen oder Girlanden anfertigen. Die Köche unter Ihnen können nach den Rezepten, die speziell für dieses Buch kreiert wurden, aromatisch gewürzte Früchte, Öle, Essige, sauer eingelegtes Gemüse und Paprikafrüchte bereiten, und wer gern Feste feiert, möchte vielleicht den Eßtisch schön würzig herrichten oder für die Weihnachtszeit aromatisch duftende Dekorationen herstellen.
Es ist nicht schwierig, das Material für all diese Dinge zu beschaffen. Eine besonders gute Quelle sind asiatische Supermärkte, da sie oftmals ein breites Sortiment an Gewürzen in Großpackungen und daher sehr preisgünstig anbieten. Sie können sich auch direkt an einen Großhändler wenden. Darüber hinaus lohnt es sich, Spezialgeschäfte aufzusuchen, die Trockenblumen verkaufen, da es dort Zimtstangen, getrocknete Chillies und gelegentlich auch in Schachteln verpackte Gewürznelken und Sternanis gibt. Dort bekommen Sie auch Steckschaum für Gewürzformbäumchen und aus Weidenrute geflochtene Kranzunterlagen.

Über welche Fertigkeiten Sie auch immer verfügen – dieses Buch wird Sie dazu anregen, Gewürze mit anderen Augen zu betrachten und mit ihrer Hilfe Farbe, Duft und neue Reize in Ihr Heim zu bringen.

RECHTS: Aus Gewürzen lassen sich unendlich viele wohlriechende Dinge herstellen.

KAPITEL EINS

Die Geschichte der Gewürze

Niemals mehr kann so viel Balsam
in das Land, wie die Königin von Saba
dem König Salomo schenkte.

Das erste Buch der Könige: 10, 10

Oben und links: Auf indischen Märkten finden Sie große Mengen an Gewürzen, deren prächtig anzuschauende Farben von hellen Gelb- und Rottönen bis zu gedämpftem Grün und erdigem Braun reichen.

GEWÜRZE IM ALTERTUM

Das jahrhundertealte Streben nach Gewürzen zeugt davon, welch ungeheuren Wert diese im Altertum hatten. Gewürze wurden als Schlüssel zu einem gesunden und genußreichen Leben angesehen, die Arzneien, Parfums und Würze für die Speisen lieferten. Selbst für kultische Zwecke wurden sie verwendet. Wer es sich leisten konnte, ließ sich nach seinem Tode einbalsamieren. Die Gewürze waren so begehrt, daß die Kaufleute zu allen Zeiten bereit waren, weite und oftmals gefährliche Meere zu überqueren und durch fremde Erdteile zu ziehen, um diese kostbaren Handelsgüter zu beschaffen; man führte Kriege um sie und wob bizarre Legenden, um das Geheimnis ihrer Herkunft zu wahren.

Gewürze werden erstmals in der Bibel erwähnt. Darin wird aus der Zeit um 1900 v. Chr. berichtet, wie Joseph von seinen Brüdern als Sklave an ismaelitische Kaufleute verkauft wurde, die auf der Gewürzstraße mit einer Kamelkarawane nach ihrem Bestimmungsort in Ägypten unterwegs waren.

UNTEN: Die Königin von Saba beschenkte den mächtigen König Salomo reich mit Gewürzen.

Die Gewürzstraße hatte ihren Anfang in China, wohin die kostbaren Gewürze aus den Regenwäldern Südostasiens gebracht wurden. Nomaden transportierten sie auf dem Weg, der südlich der Wüste Gobi verlief und durch das nördliche Indien bis zu den arabischen Gewürzhändlern in den Nahen Osten führte, die diese wertvollen Waren weiterverkauften. Der Gewürzhandel lag jahrhundertelang in den Händen arabischer Zwischenhändler, die all die antiken Hochkulturen des Mittelmeerraumes mit Spezereien belieferten und zu allem bereit waren, um diese Position zu halten. Um die wahre – orientalische – Herkunft von Chinesischer Zimtrinde, einer Zimtart, die in der Antike weit verbreitet war, geheimzuhalten, ersannen sie eine phantastische Beschreibung ihrer „Ernte", die von dem griechischen Historiker Herodot gewissenhaft wiedergegeben wurde. Dieser Beschreibung nach wurde die Rinde des Chinesischen Zimtbaumes von großen Vögeln zum Nestbau nach Arabien gebracht. Jäger lockten die Tiere mit Fleischstücken, die Vögel packten diese und schafften sie in ihre Nester. Wenn die Nester dann unter dem Gewicht zerbrachen, brauchten die Rinden nur noch aufgesammelt zu werden.

Die römische und die griechische Küche verwendeten neben Mohnsamen, Koriander und anderen einheimischen, auch viele aus

OBEN: Gewürze wurden von Karawanen, die sich unterwegs ablösten, durch Nordindien transportiert, wo sie von arabischen Kaufleuten empfangen wurden, die die kostbaren Waren im Nahen Osten und im Römischen Reich vertrieben.

dem Orient stammende Gewürze, die darüber hinaus zur Herstellung von Arzneien und Parfums dienten. Manchmal wurde der aus Kleinasien stammende Safran, der noch heute das teuerste Gewürz der Welt ist, zu Füßen von Königen und Prinzen ausgestreut, wenn sie das Land besuchten. Kaiser Nero soll bei der Feuerbestattung seiner Gemahlin mehr Weihrauch und Chinesische Zimtrinde verbrannt haben, als Arabien in einem Jahr produzieren konnte. Später, zu Beginn des fünften Jahrhunderts, wurden an Alarich, den König der Westgoten, 300 Pfund Pfefferkörner als Lösegeld für das besetzte Rom gezahlt.

Die Römer brachten die Gewürze bis in die entferntesten Gegenden ihres gewaltigen Reiches, doch der Zerfall des Imperiums schnitt die ehemals römischen Gebiete von den Lieferungen ab. Erst zu Beginn des zwölften Jahrhunderts, als die ersten Kreuzritter aus dem Nahen Osten zurückkehrten, gelangten auch wieder Gewürze ins nördliche Europa und auf die Britischen Inseln. Zu dieser Zeit kontrollierte Venedig den orientalischen Gewürzhandel mit Europa und das nach dem Osten gehende Gold. Es behielt diese mächtige Position bis zum Jahre 1453, als Konstantinopel an das Osmanische Reich fiel. Damit war Venedig von den alten Handelswegen auf dem Lande abgeschnitten.

Der Gewürzhandel im Zeitalter des Kolonialismus

Die Gewürze aus dem Fernen Osten waren zu jener Zeit, als das Osmanische Reich den Gewürzhandel blockierte, aus Europa schon nicht mehr wegzudenken, und das Streben nach einem Zugang zu diesen begehrten Waren forderte neue Anstrengungen. Innerhalb von vierzig Jahren hatte die Notwendigkeit, den Seehandel aufzubauen, zur Entwicklung besserer Schiffe geführt, die den Weg für die großen Entdeckungsreisen des fünfzehnten Jahrhunderts frei machten. In der Annahme, er würde Indien erreichen, wenn er um die Welt herumsegelte, ließ Christoph Kolumbus 1492 seine Schiffe nach Westen steuern. In Wirklichkeit gelangte er zu den Bahamas, wo er „westindische" Chillies, Piment und Vanilleschoten fand.

Im Jahre 1497 brach Vasco da Gama von Portugal in östlicher Richtung auf. Er war der erste Seefahrer, der das Kap der Guten Hoffnung umschiffte und Indien erreichte. Nun beherrschten die Portugiesen den Handel mit Zimt von der Insel Ceylon (Sri Lanka) aus. Weiter im Osten besetzten sie die Molukken (die Gewürzinseln), errichteten auf der Malaiischen Halbinsel eine Handelsniederlassung und verschifften Pfeffer, Gewürznelken, Muskatnüsse und Muskatblüte nach Lissabon.

Weit verheerender für die Bevölkerung

RECHTS: Ferdinand und Isabella von Spanien empfangen Kolumbus bei seiner Rückkehr im Jahre 1493.

OBEN: Die Flotte der Niederländischen Vereinigten Ostindischen Gesellschaft wurde bei ihrer Heimkehr stürmisch begrüßt.

der Molukken wirkte sich die Ankunft der Holländer im Jahre 1612 aus, die drastische Schritte unternahmen, um die Gewürzpreise in Europa nicht sinken zu lassen. Sie waren mit dem Anbau von Gewürznelken so erfolgreich, daß der Markt bald überfüllt war. Sie besaßen schließlich Vorräte für zehn Jahre in ihren Lagerhäusern, die sie verbrannten, um ihre Investitionen zu retten. Im Jahre 1625 vernichteten die Holländer alle Nelkenbäume mit Ausnahme der Pflanzungen auf der Insel Ambon und stürzten damit die Bevölkerung der übrigen Inseln in Not und Elend.

Mit den Muskatnußbäumen sollte einige Jahre später ähnliches geschehen. 1636 versuchten die Holländer, sich das Monopol für die Zimtausfuhr von der Insel Ceylon zu sichern, indem sie nicht nur alle wildwachsenden Zimtbäume auf der Insel, sondern auch die an der indischen Malabarküste vernichteten. Fast zwei Jahrhunderte lang gingen sie mit rücksichtslosen Taktiken vor, um den Gewürzhandel fest unter Kontrolle zu halten. Dennoch machte die Gesellschaft im Jahre 1799 Bankrott, und zwanzig Jahre später schmuggelte ein französischer Botaniker Nelken- und Muskatnußsämlinge von den Gewürzinseln und brachte sie nach Mauritius und anderen französischen Kolonien. Zu Beginn des neunzehnten Jahrhunderts besaß keine europäische Macht mehr ein Monopol auf Gewürze und die Preise sanken.

NÜTZLICHE GEWÜRZE

In der traditionellen Volksmedizin wurden seit jeher Gewürze und Kräuter verwendet. Inzwischen ist es der modernen Medizin gelungen, die nützlichen Eigenschaften vieler Heilmittel, die einst von den alten Kräuterweiblein empfohlen wurden, zu isolieren. Anstatt nach den Anzeichen einer bestimmten Krankheit zu suchen und diese dann mit besonderen Medikamenten gezielt zu kurieren, sind die meisten Kräutertherapien darauf gerichtet, ein Gleichgewicht innerhalb des gesamten Körpers zu schaffen. Daher erscheint auch eine Beschreibung der Anwendungsmöglichkeiten von Gewürzen in der Heilkunde oftmals vage und eher unbestimmt. Einige der medizinisch nutzbaren Gewürze sind in dem Verzeichnis, das diesem Kapitel folgt, aufgeführt. Die meisten fördern die Verdauung oder lindern Blähungen; diese Mittel an sich können den Körper schon gesundhalten. Es gibt daneben auch andere einfache pflanzliche Arzneien, die man ausprobieren kann. Doch um einen Effekt zu erzielen, müssen in jedem Falle deren Wirkstoffe extrahiert werden; das geht zu Hause am einfachsten mit den drei folgenden Methoden.

RECHTS: Die Muskatnuß wird von einem Samenmantel, der Muskatblüte, umhüllt. Beide Gewürze werden nach der Ernte voneinander getrennt. Muskatblüte oder Mazis ähnelt in ihren Eigenschaften der Muskatnuß, hat jedoch ein feineres Aroma.

AUFGÜSSE

Ein Aufguß wird auch als Kräutertee oder *Infus* bezeichnet. Diese Methode wendet man für gewöhnlich bei weichen Pflanzenteilen wie den Blättern, Stengeln oder Blüten an. Aus getrockneten Gewürzen werden eher Abkochungen bereitet.

ABKOCHUNGEN

Mit Hilfe einer Abkochung lassen sich die Wirkstoffe von Rinden, Wurzeln oder anderen harten Pflanzenteilen freisetzen. Diese Methode läßt sich auch gut bei Gewürzen anwenden. Lassen Sie einfach 25 g unzerkleinerte Gewürze in 900 ml Wasser aufkochen und dann 15 Minuten lang leise köcheln. Die Flüssigkeit soll danach auf 600 ml reduziert sein.

INHALATIONEN

Geben Sie 300 ml eines Aufgusses oder einer Abkochung in eine Schüssel mit 600 ml dampfendem Wasser. Beugen Sie den Kopf über das Gefäß, decken Sie ein Tuch über Kopf und Schüssel und atmen Sie die aufsteigenden Dämpfe ein.

LINKS: Muskatnuß regt den Kreislauf an und fördert die Verdauung.

AROMATHERAPIE

Die Aromatherapie ist ein Verfahren, bei dem man ätherische Öle verwendet, die entweder durch Destillation oder Auspressen von Pflanzenteilen gewonnen werden. Man nimmt an, daß ätherische Öle die wesentlichen Eigenschaften einer Pflanze in konzentrierter Form enthalten und daher eine starke und dennoch natürliche und ganzheitliche Wirkung haben. Die Aromatherapie kann wunderbar entspannend sein, denn sie hat nicht nur Heilfunktion, sondern dient auch der Schönheitspflege. Ätherische Öle, deren Wirkstoffe entweder durch die Haut oder mit der Atemluft in den Körper gelangen, kann man auf verschiedene Weise anwenden. Sie sind sehr stark konzentriert und werden stets nur tropfenweise verwendet. Achten Sie immer auf die richtige Dosis gemäß Rezept.

MASSAGE

Ätherische Öle dürfen mit Ausnahme von Lavendel- und Teebaumöl nie unverdünnt auf die Haut gelangen. Mischen Sie sie deshalb mit Mandel-, Weizenkeim-, Sonnenblumen- oder einem anderen Trägeröl. Geben Sie zum Verdünnen auf 2,5 % fünf Tropfen ätherisches Öl auf jeweils 10 ml Trägeröl.

Ein erfahrener Aromatherapeut kann die verschiedenen Öle gezielt und ganz nach Bedarf auf den Körper des Patienten einwirken lassen. Der Effekt einer Massage auf der Basis der Aromatherapie – eine Linderung der allgemeinen Anspannung – wird durch die entspannenden Eigenschaften der ätherischen Öle noch verstärkt.

Kamilleöl wirkt beruhigend bei nervöser Unruhe, Eukalyptus lindert Kopfschmerzen, Weihrauch beruhigt bei Angstzuständen, Jasmin löst innere Anspannung und Lavendelöl ist gut gegen Schlaflosigkeit und Unsicherheitsgefühle.

LINKS: Beim Verbrennen von Duftöl aus Gewürzen breitet sich schnell ein wunderbares Aroma im Raum aus, das für eine entspannende Atmosphäre sorgt.

BÄDER

Duftbäder wirken morgens belebend oder am Abend entspannend. Setzen Sie dem Badewasser einfach einige Tropfen ätherisches Öl zu, das mit einem Trägeröl gemischt ist. So können die wohltuenden Wirkstoffe von der Haut leicht aufgenommen werden.

LINKS: Gewürznelken wirken antiseptisch und mild betäubend. Nelkenöl wird seit jeher zur Linderung von Zahnschmerzen angewendet.

DUFTLAMPEN

Duftlampen, die in der Aromatherapie eingesetzt werden, bestehen aus einer flachen Schale und einer darunter befindlichen Kammer mit einem Teelicht. Die Schale wird bis knapp unter den Rand mit Wasser gefüllt. Geben Sie einige Tropfen ätherisches Öl zu, um eine wohlriechende und entspannende Atmosphäre zu schaffen. Der Theorie der Aromatherapie zufolge hat der Duft ätherischer Öle eine positive Wirkung. Die Geruchsnerven leiten seine angenehmen Reize an das Gehirn weiter und schaffen so ein Gefühl des Wohlbefindens.

Lassen Sie eine brennende Duftlampe nie unbeaufsichtigt stehen und füllen Sie stets Wasser nach, denn die Flüssigkeit verdampft durch die Wärme der Kerzenflamme.

INHALIEREN

Geben Sie sechs Tropfen ätherisches Öl in eine Schüssel mit dampfendem Wasser. Beugen Sie den Kopf über die Schüssel, bedecken Sie ihn mit einem bis auf das Gefäß reichenden Tuch und atmen Sie tief ein.

Warnung

Besonders Gewürzöle können scharf sein und sollten daher vor allem in Präparaten für die Haut mit großer Vorsicht und Sorgfalt angewendet werden. Zimt- und Nelkenöl sollte man überhaupt nicht auf die Haut auftragen. Verzichten Sie auf eine Kräuter- oder Aromatherapie, wenn Sie schwanger sind.

KAPITEL ZWEI

VERZEICHNIS DER GEWÜRZE

... und durchscheinendem Zuckersirup, gewürzt mit Zimt;
Manna und Datteln, von Fez im Prachtschiff hergeführt;
und alles würzige Naschwerk vom seidenen Samarkand
bis zum zederntragenden Libanon.

nach: John Keats (1795–1821), The Eve of St Agnes

Oben: Als Gewürze dienen Wurzeln, Rinden, Blüten, Samen und Früchte vieler Pflanzen aus verschiedenen Regionen der Erde. Die Abbildung zeigt Muskatnüsse (Samen), Gewürznelken (ungeöffnete Blütenknospen), Mazis (Arillus oder Samenmantel) und Zimt (Rinde).

Links: Duftender grüner Kardamom, eines der teuersten Gewürze, und die roten Beeren des Pfefferbaumes ergeben zusammen ein farbenfrohes Bild.

Als Gewürze dienen die verschiedensten Teile von Pflanzen – winzige Früchte und Samen, die Rinde großer Bäume, Wurzeln, Nüsse und sogar Blütenknospen mit Fruchtkeimen. Ihre Wirkung auf unsere Lebensqualität läßt sich an der Zielstrebigkeit und Entschlossenheit ermessen, mit der sich die Menschen der Entdeckung neuer Wege in die Heimatländer der Gewürze, dem Anbau von Gewürzbäumen und -sträuchern und der Sicherung des Gewürzhandels widmeten.

UNTEN: *Die aprikosenfarbene Muskatblüte (rechts) ist der Samenmantel, der jede Muskatnuß umhüllt.*

PIMENT

Pimenta dioica

Wie Pfefferkörner aussehende Beeren, die an bis zu 9 m hohen Bäumen mit immergrünen, ledrigen Blättern wachsen. Wegen seines Aromas, das eine Mischung aus dem Geruch und Geschmack von Gewürznelken, Zimt und Muskatnuß ist, wird Piment auch Allerleigewürz genannt. Die Bäume wachsen vor allem auf der Karibikinsel Jamaika und auch in Mittelamerika und in Teilen Südamerikas, wo sie jedoch weniger verbreitet sind.

ANBAU An den vierjährigen Bäumen erscheinen im Juni, Juli und August Blüten, aus denen sich schnell Beeren entwickeln. Diese geben im Reifezustand viel von ihrem Gehalt an ätherischem Öl ab; sie werden daher geerntet, sobald sie ihre volle Größe erreicht haben, jedoch noch nicht voll ausgereift sind. Die Beeren wurden seit alters her in der Sonne getrocknet; heute benutzt man oftmals spezielle Trockenöfen.

VERWENDUNG IN DER KÜCHE Wird als Einlegegewürz, für Fisch und Marinaden verwendet; dient in Jamaika zum Würzen von Suppen und Eintöpfen.

VERWENDUNG IN DER HEILKUNDE Wirkt gegen Blähungen.

ANIS

Pimpinella anisum

Kleine bräunlich-grüne Samen einer einjährigen, bis zu 60 cm hohen Pflanze, die schon zu Zeiten der alten Ägypter wegen ihres würzig-süßlichen Geschmacks geschätzt wurden. Der Doldenblütler stammt aus den Ländern des Mittelmeerraumes (Ägypten, Griechenland, Kleinasien); im Mittelalter baute man ihn auch in Mitteleuropa an.

ANBAU Anispflanzen blühen im Juli. Sobald im Herbst die Samen ausgereift sind, werden die Pflanzen zurückgeschnitten. Beim kommerziellen Anbau werden die Samen ausgedroschen. Beim Einzelanbau bindet man Papierbogen um die abgeschnittenen Dolden und hängt sie zum Trocknen auf.

VERWENDUNG IN DER KÜCHE Zum Würzen von Pastis (Kräuteraperitif) und ähnlichen Getränken, Brot, Kuchen, Currygerichten und Schalentieren.

VERWENDUNG IN DER HEILKUNDE Wirkt lindernd bei Asthma, Husten und Koliken.

LORBEER

Laurus nobilis

Die Blätter des immergrünen Lorbeerbaumes, der in nördlichen Breiten eine Höhe von 7,5 m erreicht und in wärmeren Gegenden bis zu 18 m hoch wird.

ANBAU Die gewöhnlich durch Stecklinge vermehrten winterharten Gewächse blühen in gemäßigten Klimazonen.

VERWENDUNG IN DER KÜCHE Weltweit ein beliebtes Gewürz für Suppen, Saucen, Eintöpfe, Currygerichte und Desserts.

VERWENDUNG IN DER HEILKUNDE Lorbeeröl wird bei Verstauchungen angewendet.

KÜMMEL

Carum carvi

Die Samen eines Doldengewächses, die seit Jahrhunderten als Gewürz geschätzt werden. Die Pflanze erreicht eine Höhe von 60 cm und wächst überall in den nördlichen und mittleren Gebieten Europas und Asiens, in Indien, Nordafrika und Kanada.

ANBAU Erfolgt die Aussaat im Herbst, sind die Kümmelsamen im August des Folgejahres erntereif. Dann werden die Pflanzenstengel abgeschnitten und die Kümmelsamen ausgedroschen. Früher war es üblich, sie in der Sonne zu trocknen, heute werden sie immer öfter in Öfen getrocknet.

VERWENDUNG IN DER KÜCHE In englischen Kuchen und Keksen, in osteuropäischen Gemüsegerichten, Suppen und Eintöpfen.

VERWENDUNG IN DER HEILKUNDE Wirkt lindernd bei Koliken, Blähungen und Bronchitis und wird bei Durchfall angewendet.

KARDAMOM

Elettaria cardamomum

Die grünen oder braunen Samenkapseln gehören noch immer zu den teuersten Gewürzen der Welt. Die mehrjährige Pflanze kann eine Höhe von bis zu 5 m erreichen. Ihre Heimat ist Indien, doch sie wird auch in Sri Lanka, Thailand, Tansania und Mittelamerika angebaut.

ANBAU Die im Oktober beginnende Ernte dauert drei Monate. Die Kapseln werden zum Trocknen üblicherweise auf Hausdächern ausgelegt.

VERWENDUNG IN DER KÜCHE Beliebtes Gewürz für indische Gerichte wie Pilau und Biryani sowie für persische Gerichte.

VERWENDUNG IN DER HEILKUNDE Wirkt lindernd bei schmerzhaften Koliken und Blähungen.

CHINESISCHE ZIMTRINDE

Cinnamomum cassia/C. aromaticum

Die rauhe Rinde des Chinesischen Zimtbaumes. Das Gewürz ist eng verwandt mit dem Zimt und dient mitunter auch als Zimtersatz. Die Heimat des Lorbeergewächses ist China und Vietnam; es wird darüber hinaus auf Sumatra und Java, in Sri Lanka, Japan, Mexiko und Südamerika angebaut.

ANBAU Der Anbau erfolgt in Plantagen, wo man die Bäume niedrig hält, um die Bildung von Schößlingen aus den Wurzeln zu fördern. Die Schößlinge werden geerntet und entrindet, das Restholz wird verbrannt.

VERWENDUNG IN DER KÜCHE Für Kuchen, Süßspeisen, Puddings, Currygerichte und pikante Aufläufe.

VERWENDUNG IN DER HEILKUNDE Wird häufig zum Aromatisieren unangenehm schmeckender pharmazeutischer Präparate verwendet. Wirkt lindernd bei Durchfall, Übelkeit, Erbrechen und Blähungen.

CAYENNEPFEFFER

Capsicum frutescens

Die kleinen, scharf schmeckenden Früchte des Paprikastrauches. Die Pflanze wird in den meisten tropischen Ländern angebaut. Sie erreicht eine Höhe von bis zu 2 m.

ANBAU Die schlanken Früchte werden geerntet, wenn sie rot gefärbt und reif sind, dann getrocknet und zu einem feinen Pulver vermahlen.

VERWENDUNG IN DER KÜCHE Wird verwendet, um den Gerichten einen scharfen Geschmack zu geben.

VERWENDUNG IN DER HEILKUNDE Unterstützt den Kreislauf, wirkt lindernd bei Frostbeulen, regt die Verdauung an.

CHILLIES

Capsicum frutescens

Die Früchte (Beeren) eines mehrjährigen Strauches, der bis zu 60 cm hoch wird. Die aus Mittel- und Südamerika stammenden Chillies wachsen in vielen tropischen und subtropischen Regionen der Erde. Die frischen grünen Chillies sind unreife Früchte, die im Reifezustand je nach Sorte rot, orange, gelb, braun oder schwarz werden.

ANBAU Die Früchte des aus Samen gezogenen Strauchpaprikas brauchen zum Reifen viel Sonne. Manche Früchte werden noch grün geerntet, andere läßt man reifen. Viele rotfrüchtige Sorten werden getrocknet.

VERWENDUNG IN DER KÜCHE Gehören weltweit zu den populärsten Gewürzen und werden in warmen Gerichten der Küchen Mexikos, Indiens, Japans, Indonesiens und Afrikas verwendet.

VERWENDUNG IN DER HEILKUNDE Chillies fördern die Verdauung und sind gut für die Stärkung des Kreislaufs.

CEYLONZIMT

Cinnamomum verum

Die Rinde eines Lorbeergewächses, das bis zu 9 m hoch wird und in Sri Lanka, Indien, China, Brasilien und auf den Inseln Mittelamerikas wächst. Das Gewürz ist mit der Chinesischen Zimtrinde verwandt.

ANBAU Ceylonzimtbäume wachsen am besten in sandigem Boden. Sie brauchen viel Regen und Wärme. Man erntet ihre Schößlinge, entfernt deren innere Rinde und trocknet sie für die weitere Verarbeitung. Die Rinde kommt in Form von eingerollten Stükken als Stangenzimt oder feingemahlen in den Handel.

VERWENDUNG IN DER KÜCHE Der köstlich duftende Zimt wird zum Aromatisieren von Süßspeisen und pikanten Gerichten verwendet.

VERWENDUNG IN DER HEILKUNDE Wirkt lindernd bei Blutandrang, Rheumatismus, Übelkeit, Muskelkrämpfen und Durchfall und regt den Kreislauf an.

GEWÜRZNELKEN

Eugenia caryophyllata

Die getrockneten ungeöffneten Knospen eines tropischen, immergrünen Baumes, der bis zu 14 m hoch wird. Der Gewürznelkenbaum war ursprünglich auf den Molukken, den Gewürzinseln im Osten des Malaiischen Archipels, beheimatet. Heute wird er auch auf Mauritius, in Brasilien, Ostindien und auf den Inseln Mittelamerikas angebaut.

ANBAU Die Bäume setzen acht oder neun Jahre nach dem Anpflanzen Blütenknospen an. Der ganze Baum duftet sehr stark. Läßt man die Samen reifen, dann verlieren sie ihre Schärfe. Daher werden die ungeöffneten Knospen mit ihren Fruchtkeimen geerntet und getrocknet. Gewürznelken bester Qualität sind als handverlesen gekennzeichnet.

VERWENDUNG IN DER KÜCHE In süßen Gerichten und Getränken sowie zum Würzen von Fleisch, Saucen und Currygerichten.

VERWENDUNG IN DER HEILKUNDE Wirken lindernd bei Verdauungsstörungen.

KORIANDER

Coriandrum sativum

Die getrockneten Samen einer Pflanze, die glattblättriger Petersilie ähnelt und bis zu 90 cm hoch wird. Die Heimat des Koriander ist Südeuropa und der Nahe Osten; er wird jedoch auch in Indien, Südostasien und Südamerika angebaut.

ANBAU Koriander wird im April im Freiland in leichten, trockenen und warmen Boden oder im März unter Glas ausgesät und im Mai ins Freie gepflanzt. Die Samen reifen im August. Die Pflanzenstengel werden abgeschnitten und die Samen ausgedroschen.

VERWENDUNG IN DER KÜCHE Eines der Grundgewürze für indische Currygerichte; ist auch in den Küchen des Nahen Ostens und Südeuropas zum Würzen von Fleisch, Fisch und Gemüse sehr verbreitet.

VERWENDUNG IN DER HEILKUNDE Hauptsächlich zur Geschmacksverbesserung von Medikamenten.

KREUZKÜMMEL

Cuminium cyminum

Die Samen einer einjährigen Pflanze, die etwa 25 cm hoch wird und in Ägypten beheimatet ist. Sie wird jedoch auch in Indien, China und in den Ländern des Mittelmeerraumes kultiviert. Die Samen kommen in schwarzen und weißen (eigentlich braunen) Sorten vor.

ANBAU Obwohl Kreuzkümmel in warmen Gegenden am besten gedeiht, läßt er sich auch in nördlichen Breiten ziehen. Er wird ausgesät, wenn keine Fröste mehr zu erwarten sind und der Boden sich schon erwärmt hat. Die Blütendolden werden geerntet, wenn die Samen fast reif sind, in Papiertüten gesteckt und kopfüber aufgehängt, so daß sich die Samen in der Tüte sammeln können.

VERWENDUNG IN DER KÜCHE Eines der Grundgewürze für indische Currygerichte; wird in Asien und Nordafrika zum Würzen von Fisch, Lamm und Huhn verwendet.

VERWENDUNG IN DER HEILKUNDE Hilft bei Koliken und fördert die Verdauung.

FENCHEL

Foeniculum vulgare

Die Samen eines mehrjährigen Doldenblütlers, der bis zu 2,50 m hoch wird. Seine Heimat ist der Mittelmeerraum; heute ist er bis nach Indien und Nordeuropa verbreitet.

ANBAU Die Aussaat erfolgt im Frühjahr in gut durchlässigen Boden. Die Samen werden im Herbst geerntet, wenn sie reif sind.

VERWENDUNG IN DER KÜCHE Wegen des süßen, leicht anisähnlichen Aromas ideal zum Würzen von Fisch, Schweinefleisch und Suppen.

VERWENDUNG IN DER HEILKUNDE Fencheltee fördert die Verdauung und regt bei stillenden Müttern die Milchbildung an.

BOCKSHORNKLEE

Trigonella foenum-graecum

Die Samen aus den sichelförmigen Kapseln eines einjährigen Krautes, das bis etwa 60 cm hoch wird und dessen Heimat der östliche Mittelmeerraum, Indien, Ägypten und Marokko ist. Das Kraut wird auch Griechisches Heu genannt, denn damit „parfümierten" die alten Griechen Heu und Futter für Pferde und Rinder.

ANBAU Die Aussaat erfolgt im späten Frühjahr unter Glas oder, sobald die Spätfröste vorüber sind, direkt ins Freie. Die Sämlinge werden verzogen, die Samenkapseln erntet man, wenn sie reif sind.

VERWENDUNG IN DER KÜCHE In Currygerichten und zum Aromatisieren von Konfekt.

VERWENDUNG IN DER HEILKUNDE Mit einem Brei aus Bockshornkleesamen und Wasser beugte man im Alten Ägypten Fieberanfällen vor und linderte Magenschmerzen. Bei Furunkeln werden Breiumschläge aus Bockshornklee angewendet.

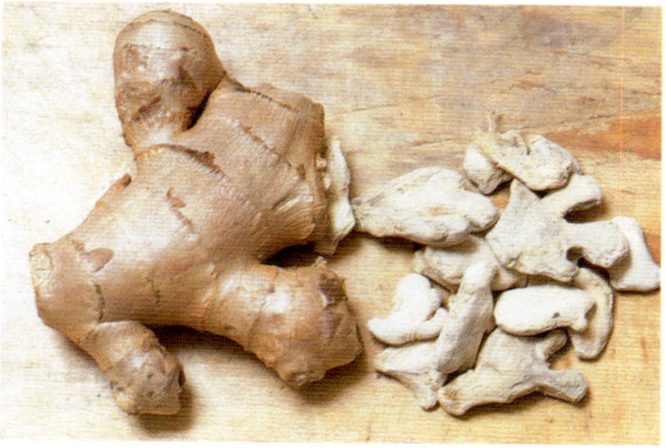

INGWER

Zingiber officinale

Das Rhizom (Erdsproß) einer schilfähnlichen mehrjährigen Pflanze, die in Südostasien, Indien und China angebaut wird. Das Gewürz kommt frisch, getrocknet, als Pulver und in Zuckersirup eingelegt, in den Handel.

ANBAU Die Wurzeln werden jährlich geerntet; von jeder Wurzel wird ein Stück zurückbehalten und wieder eingepflanzt, um die nächste Ernte nach etwa zehn Monaten zu sichern. Zieht man eine Ingwerpflanze zu Hause im Topf, dann bricht man bei Bedarf einfach ein Stück vom Rhizom ab.

VERWENDUNG IN DER KÜCHE Beliebtes Gewürz in den asiatischen Küchen, wo es zu Fleisch, Fisch und Gemüse verwendet wird. Dient auch zum Würzen von eingelegtem Gemüse, Chutneys, Kuchen und Keksen.

VERWENDUNG IN DER HEILKUNDE Wirkt lindern bei Frostbeulen und bei Übelkeit während der Schwangerschaft und auf Reisen, unterstützt den Kreislauf.

WACHOLDER

Juniperus communis

Blauschwarze Beeren, die nur von weiblichen Wacholderbüschen hervorgebracht werden. Das kleine Gewächs ist eine immergrüne Pflanze, die bis zu 2 m hoch wird und in Europa, Nordafrika, im nördlichen Asien und in Nordamerika beheimatet ist.

ANBAU In einer Pflanzung müssen männliche und weibliche Büsche vorhanden sein. Da die Beeren zum Reifen zwei bis drei Jahre brauchen, findet man an einem Strauch zur gleichen Zeit unreife und reife Beeren. Die reifen Beeren werden von Hand gepflückt und zum Trocknen flach ausgebreitet.

VERWENDUNG IN DER KÜCHE Zum Würzen von Wild, Pasteten, Rotkohl; wird bei der Herstellung von Gin als Aromatisierungsmittel verwendet.

VERWENDUNG IN DER HEILKUNDE Wirkt lindernd bei Nieren- und Blasenerkrankungen, wird als harntreibendes Mittel eingesetzt.

LEMONGRAS

Cymbopogon citratus

Eine wie Frühlingszwiebeln aussehende mehrjährige Pflanze mit trockenen, grasähnlichen Blättern, die in Südostasien, Mittel- und Südamerika und auf den Inseln Mittelamerikas wächst.

ANBAU Lemongras braucht viel Wasser und Sonne und gedeiht daher in tropischen Klimazonen. Die Pflanze läßt sich durch Teilung vermehren.

VERWENDUNG IN DER KÜCHE Die feine Zitronenwürze mit einer Andeutung von Ingwer wird von den asiatischen Küchen für Fisch, Huhn und Gemüsegerichte bevorzugt.

VERWENDUNG IN DER HEILKUNDE Wirkt lindernd bei Halsentzündungen und Erkrankungen der Atmungsorgane; reinigt fettige Haut. Das ätherische Öl (Zitronellöl) wirkt antiseptisch und antimykotisch. Ein Bad mit einigen Tropfen davon beruhigt und desodoriert.

MUSKATBLÜTE

Myristica fragrans

Der wie zerschlitzt aussehende Samenmantel der Muskatnuß, des Samens eines immergrünen Baumes, der auf den Molukken, in Neuguinea und in Mittelamerika beheimatet ist.

ANBAU Nur die weiblich blühenden Bäume tragen Früchte, die wie goldgelbe Birnen aussehen. Bis zur ersten Ernte können neun Jahre vergehen, doch dann bringt der Baum jährlich bis zu 2000 Muskatnüsse hervor. Wenn die Früchte reif sind, dann reißen sie auf und lassen die Muskatnuß und den scharlachroten Samenmantel erkennen. Der Samenmantel wird von der Muskatnuß entfernt und dann getrocknet.

VERWENDUNG IN DER KÜCHE Wegen des zarten Aromas ideale Nebenzutat für Saucen, Desserts, weißes Fleisch und Fischgerichte.

VERWENDUNG IN DER HEILKUNDE Fördert die Verdauung und unterstützt den Kreislauf; wurde in der Vergangenheit als fiebersenkendes Mittel angewendet.

SENFKÖRNER

Sinapis alba/Brassica nigra

Schwarze oder weiße kleine runde Samen aus den Kapseln einjähriger Pflanzen, deren Heimat wahrscheinlich der Mittelmeerraum ist, die jedoch auch im übrigen Europa, in Kanada und Nordamerika angebaut werden. Schwarzen Senf findet man normalerweise in Süditalien und in Äthiopien.

ANBAU Die Aussaat erfolgt im Frühjahr; die in den Schoten sitzenden Samen werden im Spätsommer geerntet, wenn sie nahezu reif sind.

VERWENDUNG IN DER KÜCHE Hauptsächliche Zutat für Senfrelish; in indischen Gerichten auch unzerkleinert verwendet.

VERWENDUNG IN DER HEILKUNDE Sowohl schwarzer und als auch weißer Senf werden als Abführmittel gereicht. Tees aus Senfkörnern wirken lindernd bei Halsentzündungen, Bronchitis und Rheumatismus.

MUSKATNUSS

Myristica fragrans

Der Samen eines Baumes, der Ähnlichkeit mit einem Pfirsichbaum hat und etwa 7 m hoch wird. Er ist auf der Malaiischen Halbinsel und den Molukken beheimatet und wird auf Sumatra angebaut.

ANBAU Die weiblichen Bäume tragen nach ungefähr neun Jahren zum erstenmal Früchte. Sie bringen etwa 75 Jahre lang bis zu drei Muskatnußernten jährlich. Nach der Ernte werden die Samen vom Samenmantel getrennt getrocknet. Der Trocknungsprozeß dauert bis zu sechs Wochen.

VERWENDUNG IN DER KÜCHE Wegen des feinen Aromas in Getränken, Süßspeisen, Puddings und pikanten Gerichten verwendet.

VERWENDUNG IN DER HEILKUNDE Das ätherische Öl wird in der Aromatherapie verwendet; Muskatnuß regt Kreislauf und Herztätigkeit an.

PAPRIKA

Capsicum annuum

Zu Pulver zermahlene getrocknete Früchte (Schotenpfeffer) einer einjährigen Pflanze, die 1,50 m hoch wird. Ihre ursprüngliche Heimat ist Südamerika, doch wird sie heute auch in Südeuropa und im Süden des nordamerikanischen Kontinents angebaut. Weiter nördlich läßt sich Paprika unter Glas züchten.

ANBAU Die Aussaat erfolgt im zeitigen Frühjahr unter Glas. Die Setzlinge werden, sobald kein Frost mehr zu erwarten und der Boden warm ist, ins Freie ausgepflanzt. Im Spätsommer sind die Früchte erntereif. Sie werden nach der Ernte getrocknet und dann gemahlen.

VERWENDUNG IN DER KÜCHE Geschmack je nach Sorte mild oder auch scharf. Zum Würzen von Gulasch, Gemüse, Fischgerichten und Sahnesaucen verwendet.

VERWENDUNG IN DER HEILKUNDE Keine Anwendung bekannt.

PFEFFERKÖRNER

Piper nigrum

Getrocknete Früchte einer Kletterpflanze, die bis zu 9 m Höhe erreicht, in Kultur aber auf 2 m Höhe gehalten wird. Ihre Heimat ist Indien und Vietnam; heute wird sie auch in Südasien und Mittelamerika angebaut.

ANBAU Nach vier Jahren tragen die Pflanzen zum erstenmal Früchte. Die Früchte, die später als schwarzer Pfeffer in den Handel kommen, werden geerntet, sobald sie sich rot färben, also noch nicht voll ausgereift sind, und anschließend getrocknet. Die Früchte für den weißen Pfeffer läßt man ausreifen. Vor dem Trocknen wird die fleischige Hülle der Steinfrucht entfernt. Für grünen Pfeffer werden unreife Früchte geerntet.

VERWENDUNG IN DER KÜCHE „Belebt" fast alle scharfen und pikanten Gerichte und gilt als ein Grundgewürz.

VERWENDUNG IN DER HEILKUNDE Fördert die Verdauung, hilft bei Verstopfung und Blähungen und wirkt lindernd bei Arthritis.

MOHN

Papaver somniferum

Samen des Schlafmohns, einer Pflanze, die bis zu 1,20 m Höhe erreicht und in China, Südostasien, Indien und im Nahen Osten wächst.

ANBAU Die Aussaat erfolgt im März oder April. Nach der Blüte werden die Stengel mit den Samenkapseln nach unten gebogen und so bis etwa September, wenn die Kapseln fest sind, gelassen. In den unreifen Samenkapseln sind die Samen, die keine betäubende Wirkung haben, sowie ein milchiger Saft enthalten, der zur Opiumherstellung verwendet wird. Der Anbau von Schlafmohn ist in Großbritannien und den USA verboten.

VERWENDUNG IN DER KÜCHE Für Gebäck und Nudelgerichte, für indische Pfannkuchen.

VERWENDUNG IN DER HEILKUNDE Keine Anwendung bekannt.

SAFRAN

Crocus sativus

Getrocknete Narbenschenkel von Herbstkrokussen. Dieses Schwertliliengewächs wird bis zu 15 cm hoch, seine Heimat ist wahrscheinlich Griechenland und der östliche Mittelmeerraum; es wächst jedoch auch in Spanien, Indien, China und in der Türkei.

ANBAU Die Sproßknollen werden im Juli im Abstand von jeweils 15 cm in die Erde gebracht. Jede Blüte besitzt drei Narbenschenkel, die im September geerntet und dann getrocknet werden. Safran ist ein sehr teures Gewürz, da man für 1 kg die Narbenschenkel von etwa 40 000 Blüten benötigt.

VERWENDUNG IN DER KÜCHE Verleiht vielen Reisgerichten der Küchen Indiens, des Nahen Ostens und des Mittelmeerraumes ein honigähnliches Aroma und eine leuchtendgelbe Farbe; wird in der englischen Küche für Kuchen und Kuchenbrötchen verwendet.

VERWENDUNG IN DER HEILKUNDE Früher zur Behandlung von Gebärmutterblutungen.

SESAM

Sesamum indicum

Cremeweiße Samen aus den Kapseln einer einjährigen Pflanze, die bis zu 2 m Höhe erreicht. Sie stammt aus Indien, wird heute aber auch in vielen Ländern Asiens, in Mexiko und im Süden der USA angebaut.

ANBAU Die Pflanze wird aus Samen gezogen. Die Ernte erfolgt etwa sechs Monate nach der Aussaat.

VERWENDUNG IN DER KÜCHE Hauptsächliche Zutat für Tahini (Sesammus), im Nahen Osten bekanntes und beliebtes Gewürz, das dem Hummus (Kichererbsenbrei) seinen unverwechselbaren Charakter gibt. Findet in vielen Rezepten der Küchen Chinas, Japans, Koreas und Indiens Verwendung und ist in Masala oder Gewürzpaste enthalten.

VERWENDUNG IN DER HEILKUNDE Keine Anwendung bekannt.

STERNANIS

Illicium verum

Die hübsche sternförmige Sammelfrucht eines immergrünen Baumes, der zur einzigen Gattung der Familie der Sternanisgewächse gehört und in China und Südostasien beheimatet ist.

ANBAU Die Früchte werden von den bis zu 8 m hohen Bäumen gepflückt, noch ehe sie reif sind, und anschließend in der Sonne getrocknet.

VERWENDUNG IN DER KÜCHE Bekanntes und beliebtes orientalisches Gewürz, das Bestandteil eines Pulvers aus fünf verschiedenen Gewürzen ist. Im Abendland mitunter zum Würzen von sauer eingelegtem Gemüse und Relish verwendet.

VERWENDUNG IN DER HEILKUNDE Keine Anwendung bekannt.

GELBWURZEL

Curcuma longa

Die Wurzel einer mehrjährigen Pflanze, die bis zu 1 m hoch wird und in Südostasien beheimatet ist. Das Ingwergewächs wird auch in Indien, China, Australien, Afrika, Peru und auf den Inseln Mittelamerikas angebaut.

ANBAU Nach der Ernte der Rhizome werden kleine Sproßstücke zurückbehalten und als Grundlage für die nächste Ernte wieder eingepflanzt.

VERWENDUNG IN DER KÜCHE Meist als leuchtend gelbes Pulver erhältlich; findet reichlich Verwendung in den Küchen Indiens, des Nahen Ostens und Nordafrikas, wo es zum Würzen von Currygerichten, Saucen und Reisgerichten verwendet wird.

VERWENDUNG IN DER HEILKUNDE In der Medizin eher als Färbemittel, seltener zu therapeutischen Zwecken verwendet.

ECHTE VANILLE

Vanilla planifolia fragrans

Fruchtkapseln eines Orchideengewächses, das in Mexiko und Mittelamerika beheimatet ist, jedoch auch auf Madagaskar, auf den Seychellen und auf Tahiti wächst.

ANBAU Die Pflanzen werden in Kultur an Pfählen gezogen. Sie blühen an nur einem Tag im Jahr und werden daher künstlich bestäubt. Danach brauchen die Kapseln neun Monate zum Reifen. Sie werden grün gepflückt. Nach dem sechs Monate dauernden Trocknungsprozeß zeigen sie die bekannte dunkelbraune Färbung.

VERWENDUNG IN DER KÜCHE Klassisches Gewürz für Speiseeis, Kuchen, Desserts und Konfekt – besonders für Schokoladenkonfekt.

VERWENDUNG IN DER HEILKUNDE Zum Parfümieren von Kosmetika.

KAPITEL DREI

Dekorative Gewürze

Da wuchsen Kräuter gross und klein,
Lakritzen und Gewürznäglein
Und Baldrian allerwegen;
Muskatnuss auch, die tut man fein
Ins Bier, frisch oder schal, hinein,
Kann auch in Truhn sie legen.

NACH: GEOFFREY CHAUCER (1340–1400)

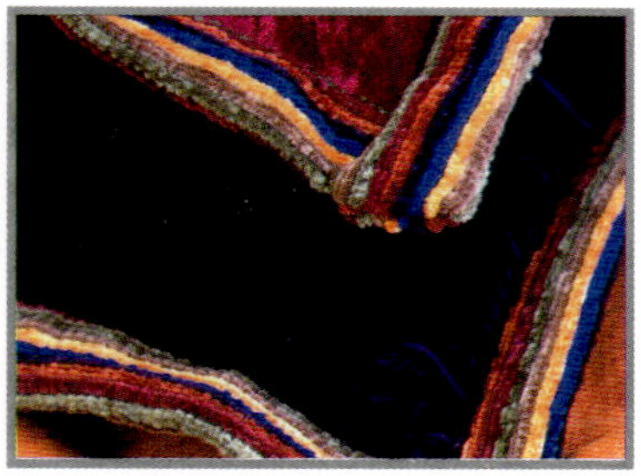

Oben: Prächtige Samtkissen duften aromatisch, wenn man ihrer Füllung Gewürznelken oder Chinesische Zimtrinde beimischt.

Links: Gewürze mit ihrem köstlichen Duft lassen sich auf ungewohnte Weise wirkungsvoll im ganzen Haus verwenden.

Die Erläuterung des Begriffs „Gewürze" im Lexikon – meist getrocknete, aromatisch oder scharf schmeckende Teile von bestimmten Pflanzen – sagt nur wenig über deren dekorative Eigenschaften aus. In Wirklichkeit bieten die Farben und Oberflächenstrukturen der Gewürze viel Spielraum zum Anfertigen dekorativer Gegenstände für das Haus oder die Wohnung, die nicht nur auf das Auge, sondern auch angenehm anregend auf unser Geruchsempfinden wirken.

Gewürze gibt es in einer prächtigen Palette natürlicher Farben – von tiefroten Chillies und der Gelbwurzel (Kurkuma) mit ihrem leuchtenden Goldgelb, terrakottafarbenem Zimt und den erdigen Farben von Muskatnuß, Gewürznelken und Pfeffer bis zu den zartgrünen Kardamom- und Fenchelfrüchten. Auch ihre Formen und Oberflächenstrukturen zeigen eine große Vielfalt, die von den feinen Kümmel-, Koriander- und Sesamsamen bis zum gezackten Sternanis oder den bleistiftförmigen Zimtstangen, ovalen Muskatnüssen und den großen, füllig wirkenden Kugeln getrockneter Orangen reichen.

Schöne Geschenke, die zudem noch duften, haben etwas Bezauberndes. Mit Gewürznelken oder Zimtrinde gefüllte Kissen, Tischläufer oder Lampenschirme mit einer

RECHTS: Ein einfacher Kranz, dicht mit kleinen Chilliefrüchten besetzt, ist ein schön strukturierter Wand- oder Fensterschmuck.

OBEN: Zu altem Kupfer sehen die gedeckten Farben getrockneter Orangen großartig aus.

Einfassung aus Muskatnüssen, tolle Formbäume und Kränze aus verschiedenen Gewürzen erfüllen die Räume mit ihrem lieblichen, exotischen Duft.

Dieses Kapitel beschäftigt sich mit größeren Schmuckgegenständen aus Gewürzen, von denen sich manches sicher gut in die Einrichtung Ihrer Räume einfügen wird. Für einige braucht man relativ viel Material, und es empfiehlt sich, vor Beginn der Arbeit genug davon zu besorgen. Lassen Sie sich jedoch von den Mengenangaben nicht abschrecken; viele Gewürze werden in preiswerten Vorratspackungen verkauft. Entweder machen Sie einen Großhändler ausfindig und kaufen das Gewürz je nach Bedarf kilo- oder pfundweise oder Sie halten in einem asiatischen Supermarkt Ausschau nach entsprechenden Großpackungen. Einige Materialien beschafft man sich am besten in Läden, die Trockenblumen und dekoratives Zubehör anbieten, in speziellen Abteilungen großer Baumärkte oder in Geschäften für Bastlerbedarf, in denen es auch bestimmte, besonders dekorativ aussehende Gewürze gibt. Dort erhält man unter anderem Zimtstangen in unterschiedlichen Längen und meist in Abpackungen mit gleichstarken Stücken. Bei Trockenblumenanbietern findet man auch eine große Auswahl an Chillies – von bleistiftdünnen bis zu großen dicken Früchten in rubinrotem Farbton. Fragen Sie hier auch nach handverlesenen Gewürznelken, Sternanis und Rentiermoos, die in Schachteln abgepackt sind; sie eignen sich sehr gut als Füllmaterial und sind eine schöne farbliche Ergänzung zu anderen Gewürzen.

Wenn Sie die Gewürze anderswo als in Gewürzhandlungen oder in Lebensmittelgeschäften besorgen, dann denken Sie daran, daß sie nicht in jedem Fall lebensmittelhygienisch aufbereitet sind. Bewahren Sie sie deshalb nicht zusammen mit Ihren Vorräten in der Küche auf. Beim Arbeiten mit Chillies tragen Sie am besten dünne Gummihandschuhe oder waschen Sie sich andernfalls die Hände gründlich mit einem Geschirrspülmittel, da der Chilliesaft in die Haut eindringt und dann die empfindlichere Gesichtshaut oder gar die Augenpartien reizt, sobald Sie sie mit Ihren Händen berühren.

Aus Gewürzen schöne Dinge herzustellen ist eine überaus angenehme Beschäftigung, denn sie verströmen schon beim Verarbeiten einen köstlichen Duft oder geben – wie beispielsweise die Gewürznelken – kostbare Öle ab, die die Hände schön weich machen. Die Vorschläge, die Sie auf den folgenden Seiten finden, sind allesamt leicht nachzuarbeiten; daß sich die Mühe lohnt, zeigen Ihnen dann die fertigen Stücke – außergewöhnliche, aromatisch duftende Gegenstände, die Ihr Heim schmücken werden.

UNTEN: Allein die sanften Grüntöne der Kardamomkapseln sind schon dekorativ. Ein schönes Ziergefäß, mit Kardamom gefüllt, verbreitet einen frischen Duft im Raum.

LAMPENSCHIRM MIT MUSKATNÜSSEN

Der Rand aus Muskatnüssen ist ein witziger und reizvoller Schmuck für einen einfachen Lampenschirm aus Pergament. Hier wurde der fertige Schirm auf eine aus Holz geschnitzte Lampe aus Indien gesetzt. Eine gänzlich andere, modernere Wirkung läßt sich erzielen, wenn Sie den Schirm mit einer metallenen Tischleuchte kombinieren.

MATERIAL

Lampenschirm, möglichst mit Kordel umstochen
Bleistift und Lochzange, wenn nötig Maßband
etwa 60 Muskatnüsse (für einen Schirm von 35 cm Durchmesser)
12 m Kunstseidenband, etwa 3 mm breit
Schere
Alleskleber
Nähnadel mit großem Öhr

1 Ist der Rand des Lampenschirms noch nicht mit Löchern versehen, dann zeichnen Sie rund um den unteren Rand im Abstand von jeweils 2 cm Markierungen an. Nehmen Sie die Lochzange und versehen Sie den Schirm an diesen Stellen mit Löchern. Für jedes Loch brauchen Sie eine Muskatnuß und ein 18 cm langes Stück Kunstseidenband. Schneiden Sie zunächst ein Stück Band in der erforderlichen Länge ab. Legen Sie es auf eine ebene Fläche und bestreichen Sie es, etwa 4 cm von einem Ende des Bandes beginnend, auf einer Länge von 7,5 cm mit Leim.

LINKS: Die unterschiedliche Größe der Muskatnüsse verstärkt den natürlichen Reiz der Schirmumrandung.

2 Sind die Ränder des Lampenschirms mit Kordel o.ä. umstochen, dann entfernen Sie diese vom unteren Rand. Fädeln Sie das längere Ende des Bandes durch das Nadelöhr und ziehen Sie es von der Innenseite des Schirms durch eines der Löcher nach vorn.

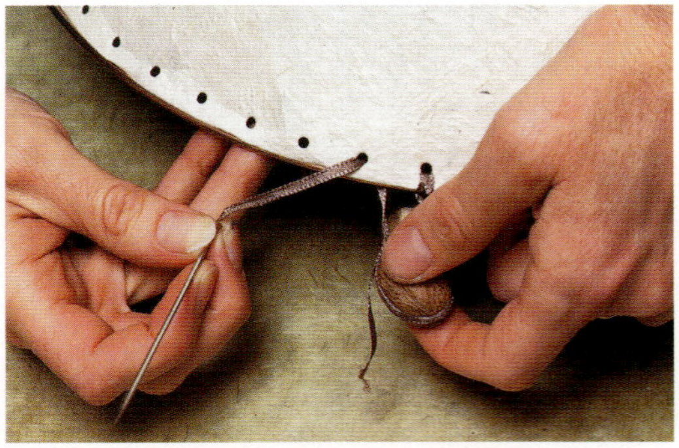

3 Legen Sie eine Muskatnuß längs auf das Band und binden Sie die beiden Enden am „Kopf" der Muskatnuß zu einem Doppelknoten. Dabei bleibt ein Bandende länger als das andere. Wiederholen Sie diesen Schritt mit den restlichen Nüssen.

4 Führen Sie die Nadel um den unteren Schirmrand wieder nach hinten und ziehen Sie das Band nochmals von der Innenseite durch das Loch nach vorn.

5 Nehmen Sie beide Enden des Bandes zusammen und binden Sie sie zu einem festen Doppelknoten. Wiederholen Sie die Arbeitsschritte 4 und 5 mit den restlichen Nüssen. Verschneiden Sie die Bandenden mit einer Schere. Entfernen Sie die alte Kordelschnur vom oberen Lampenrand und ersetzen Sie sie durch passendes Band.

KRANZ AUS GEMISCHTEN GEWÜRZEN

Mit ihren schönen kräftigen Farben und der robusten Oberfläche sind die größeren Gewürze ein ideales Material für einen exotisch duftenden Kranz, der nicht welkt und so als Wandschmuck jahrelang Freude machen kann. Belassen Sie die Naturfarben oder geben Sie dem Kranz mit etwas Goldwachs einen leichten Glanz.

MATERIAL

Goldwachs o. ä. für Restauratoren (nach Wunsch)
17 kleine getrocknete Orangen
18 Zimtstangen, 5 cm lang
Raffiabast
Schere
Klebepistole und Heißwachskleber
2 Handvoll getrocknete Muskatblüten
Weidenkranz, etwa 30 cm Durchmesser
etwa 80 Muskatnüsse

1 Reiben Sie nach Wunsch einen Hauch Goldwachs auf die Orangen, um die Wirkung des Kranzes zu erhöhen.

2 Binden Sie jeweils drei Zimtstangen mit Raffiabast zu einem Bündel und verschneiden Sie die Bastenden. Wollen Sie noch ein paar Glanzpunkte setzen, dann reiben Sie etwas Goldwachs auf einige Stangen.

3 Befestigen Sie mit Heißwachskleber eine Schicht Muskatblüte auf dem Weidenkranz. Sie dient als aromatisch duftende Basis für die restlichen Gewürze.

4 Befestigen Sie ebenfalls mit Heißwachskleber in gleichmäßigen Abständen die Zimtstangenbündel. Sie unterteilen den Kranz in Abschnitte und bilden den Rahmen für die weitere Gestaltung des Kranzes.

LINKS: Der leichte Goldschleier auf den Orangen läßt den Kranz prächtiger aussehen.

5 Verteilen Sie zwischen jeweils zwei Zimtstangenbündel drei Orangen und befestigen Sie sie.

6 Kleben Sie die Muskatnüsse auf den Kranz, so daß sie die Lücken zwischen den Zimtstangenbündeln und den Orangen füllen. Setzen Sie dabei mehr Muskatnüsse auf die Innenseite, um dem Kranz mehr Tiefe zu verleihen.

DUFTENDE UNTERSETZER

Diese Untersetzer aus Zimtstangen beeindrucken durch ihre Schlichtheit. Sie herzustellen, ist auch überhaupt nicht kompliziert. Die fertigen Untersetzer sind nicht nur etwas fürs Auge, sondern sobald ein heißes Gefäß daraufsteht, entfalten sie einen feinen, köstlichen Duft.

MATERIAL

etwa 22 schmale Zimtstangen, ca. 18 cm lang
Gartenschere
Naturbast

1 Schneiden Sie die Zimtstangen mit der Gartenschere auf eine Länge, wenn nötig. Legen Sie die Stangen auf einer ebenen Fläche nebeneinander. Drehen Sie sie gegebenenfalls etwas, bis sie eng aneinanderliegen und alle größeren Lücken geschlossen sind. Legen Sie nun ein Stück Bast auf die Hälfte zusammen und ziehen Sie die Schlinge über eine der beiden äußeren Zimtstangen.

2 Kreuzen Sie die beiden Teile des Baststückes, so daß der obere nun unter der nächsten Zimtstange liegt und der untere darüber.

3 Wiederholen Sie diesen Schritt, bis alle Stangen umschlungen sind, an der letzten werden die beiden Baststücke verknotet.

RECHTS: Auf verschiedene Längen zurechtgeschnittene Zimtstangen gibt es in Läden, die Trockenblumen anbieten.

4 Drehen Sie den Untersetzer und umschlingen Sie die Zimtstangen auf der anderen Seite mit Bast. Verknoten Sie den Bast am Ende.

GEWÜZRKOLLEKTION IM BILDERRAHMEN

Diese hübsche Kollektion entsteht, wenn man Samen von Gewürzpflanzen in durchscheinenden Stoff einnäht und zwischen zwei Glasplatten legt, die das Ganze wie schwerelos aussehen lassen.

MATERIAL

0,5 m feines Netzgewebe
Maßband
Schere
Nähnadel und Stecknadeln
passendes Nähgarn
je 1 Handvoll
sehr kleine getrocknete Chillies,
Kreuzkümmel, Kardamom
und Koriander
farblich passendes oder
kontrastierendes Stickgarn
Bilderrahmen,
etwa 45 cm × 35 cm,
vorzugsweise mit Glashintergrund
0,5 m goldfarbener Polyesterorganza

1 Schneiden Sie zwei quadratische Stoffstücke von etwa 25 cm Seitenlänge zu. Legen Sie beide übereinander und stecken Sie in der Mitte ein Quadrat von 15 cm Seitenlänge ab. Nähen Sie drei Seiten des Quadrates entlang der Markierung mit gleichmäßigen Steppstichen zu. Bringen Sie innerhalb des Quadrates senkrecht zu der noch offenen Seite im Abstand von je 5 cm zwei 15 cm lange Nähte an, so daß Sie am Ende drei nebeneinanderliegende „Kanäle“ haben. Füllen Sie einen davon knapp 5 cm hoch mit Chillies, den nächsten mit Kreuzkümmel und den dritten mit Kardamom. Schließen Sie die gefüllten Abschnitte 5 cm über der Grundlinie mit Heftstichen. Bringen sie knapp darüber eine Naht aus Steppstichen an.

LINKS: Diese Kollektion besteht aus nur vier verschiedenen Gewürzen, die schachbrettartig angeordnet sind.

2 Bilden Sie auf die gleiche Weise eine zweite Reihe aus Koriander, Chillies und Kreuzkümmel und eine dritte aus Kardamom, Koriander und Chillies. Schließen Sie beide Reihen mit Steppstichen.

3 Nähen Sie die Nähte zur Betonung mit Steppstichen aus dreifach gelegtem Stickgarn von der Farbe des Stoffes oder in einem kontrastierenden Ton nochmals nach.

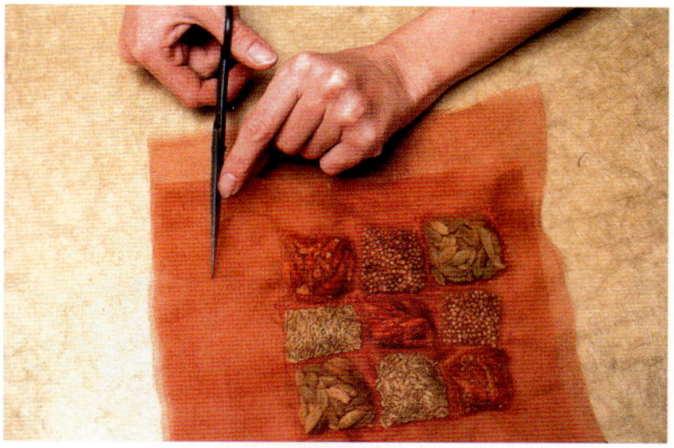

4 Beschneiden Sie die Ränder der obenliegenden Stoffschicht, so daß dieses Stoffstück etwas kleiner als das darunterliegende ist. Fransen Sie alle Kanten aus.

5 Legen Sie die Gewürzkollektion so in den Bilderrahmen, daß die Vorderseite auf dem Glas liegt. Schneiden Sie den goldfarbenen Organza auf reichliche Rahmengröße zurecht und breiten Sie ihn als Hintergrund über den Rahmen. Setzen Sie danach die gläserne Rahmenrückwand ein. Die fertige Gewürzkollektion läßt sich in einem beliebigen Rahmen präsentieren, doch der durchscheinende Stoff kommt am besten zur Wirkung, wenn die Rückwand des Rahmens aus Glas besteht. Hängen Sie das fertige Stück so auf, daß es das Licht einfangen kann. Es wirkt dann ganz leicht und schwerelos.

DUFTENDES GEWÜRZKISSEN

Dieses Taftkissen hat etwas wunderbar Sinnliches. Seine Füllung aus Kardamom und Fenchel, die durch den dünnen, netzartigen Stoff hindurchscheint, wirkt durch Struktur, Bewegung und Duft. Die goldfarbenen Troddeln verstärken den Eindruck der Bewegung.

MATERIAL

zimtfarbener Taft, 35 cm × 35 cm
feines Netzgewebe in passendem Farbton, 35 cm × 35 cm
Stecknadeln, Nähnadel und Heftgarn
Maßband, Schere
4 Handvoll Kardamomkapseln
½ Handvoll Fenchelsamen (nach Wunsch)
4 goldfarbene Troddeln, etwa 10 cm lang
1,5 m Band, 7 cm breit

1 Stecken Sie Organza und Taft links auf links mit Stecknadeln zusammen. Die Kanten nach innen umschlagen, feststecken und anheften. Stechen Sie durch alle Stoffschichten. Lassen Sie zum Füllen 10 cm Naht offen. Messen Sie von den Kanten des Kissens zur Mitte hin 7 cm ab und markieren Sie diesen Abstand an den Ecken mit Stecknadeln, an denen Sie sich orientieren können, um gerade, im richtigen Abstand von den Außenkanten verlaufende Nähte zu erhalten.

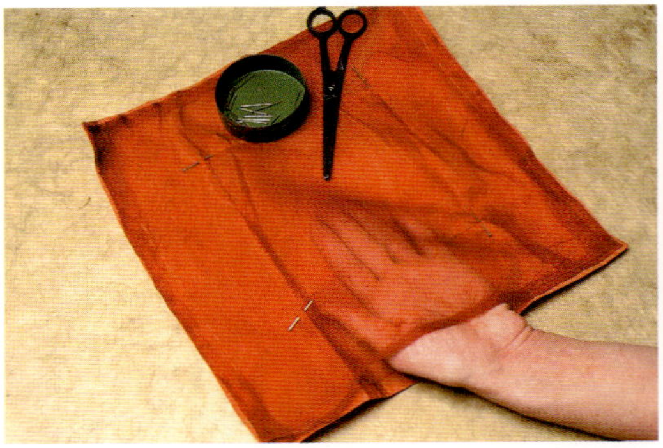

2 Lassen Sie wie beim Zusammenheften der Außenkanten auch beim Umnähen des mittleren Kissenteils 10 cm Naht offen. Füllen Sie den Mittelteil mit Kardamom oder mit einer Mischung aus Kardamom und Fenchel.

3 Schließen Sie die Naht am Mittelteil. Schlagen Sie dann die noch offenen äußeren Stoffkanten nach innen, stecken Sie sie mit Nadeln fest und schließen Sie die Naht. Nähen Sie an jeder Ecke eine Troddel fest.

4 Schneiden Sie zwei Bandstücke zurecht. Sie sollen etwas über die Breite des Kissens hinausreichen. Legen Sie bei jedem eine Ecke um und kniffen Sie den Stoffbruch. Nähen Sie auf dieser Linie entlang und schneiden Sie die Ecke knapp über der Naht ab. Legen Sie die Bandstücke, die nun einen rechten Winkel bilden, auf den Organza und nähen Sie sie mit Hohlsaumstichen sorgfältig an den Außenkanten zweier Kissenseiten fest.

5 Bringen Sie die nächsten beiden Ecken im rechten Winkel zusammen und nähen Sie die zwei Seiten fest. Bilden Sie die letzte Ecke und nähen Sie sie zusammen. Nähen Sie zum Schluß die Innenkante des Bandes nahe an dem mit Kardamom gefüllten Mittelteil mit Hohlsaumstichen fest.

KISSEN MIT GEWÜRZNELKENFÜLLUNG

Diese kostbaren, mit Gewürznelken gefüllten Samtkissen duften wunderbar, sind dekorativ und verleihen jedem Schlafzimmer einen Hauch Romantik. Für die Füllung läßt sich als Alternative auch Chinesische Zimtrinde verwenden.

MATERIAL

Schneiderschere
0,5 m schwere Watteline
Maßband
Nähnadel und passendes Nähgarn
etwa 150 g Gewürznelken
0,5 m Kleidersamt
2 m Chenilleborte oder ähnliches Material, 7,5 cm breit
Stecknadeln
Kissenfutter

1 Schneiden Sie Watteline (55 cm × 40 cm) zu und falten Sie es auf die Hälfte. Nähen Sie zwei Seiten zu, geben Sie die Gewürznelken hinein, letzte Naht schließen.

2 Schneiden Sie zwei Kissenteile aus Samt (je 30 cm × 45 cm) und zwei 40 cm lange und zwei 50 cm lange Stücke von der Borte ab. Legen Sie ein Kissenteil mit der rechten Seite nach oben. Legen Sie die zwei langen Bortestücke längs, jeweils links auf links, auf die Hälfte zusammen. Legen Sie die Borte auf die längeren Seiten des Kissenteils, so daß die Webkanten der Borte mit den Stoffkanten abschließen, und stecken Sie sie fest.

3 Legen Sie das zweite Kissenteil rechts auf rechts und Kante auf Kante darüber. Stecken Sie es fest und nähen Sie die beiden längeren Kissenseiten zusammen.

4 Wenden Sie den Stoff und legen Sie ein kurzes Stück Borte rechts auf rechts auf eine der beiden kurzen Kissenseiten, so daß die Webkante mit der Stoffkante abschließt. Nähen Sie die Borte mit beiden Kissenteilen zusammen. Versäubern Sie die Naht. Schlagen Sie die Borte auf die andere Kissenseite um. Legen Sie die Webkante der Borte nach innen um und heften Sie sie an. Nähen Sie die Borte mit Kantenstichen sorgfältig auf dem Samt fest.

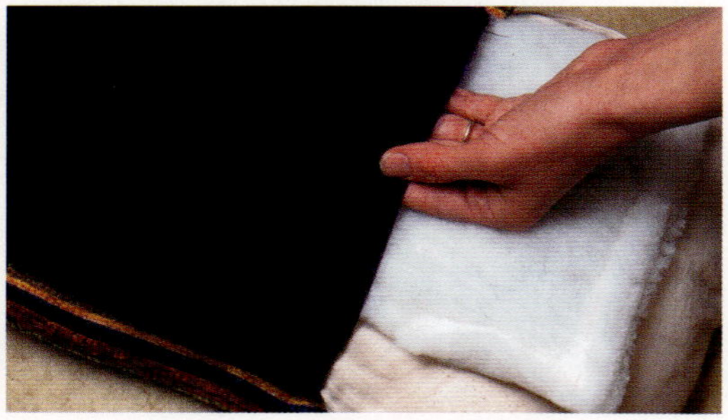

5 Schieben Sie das gefüllte Wattelinekissen und das Kissenfutter in den Samtbezug hinein und nähen Sie das letzte Bortenstück wie in Arbeitsschritt 4 beschrieben fest.

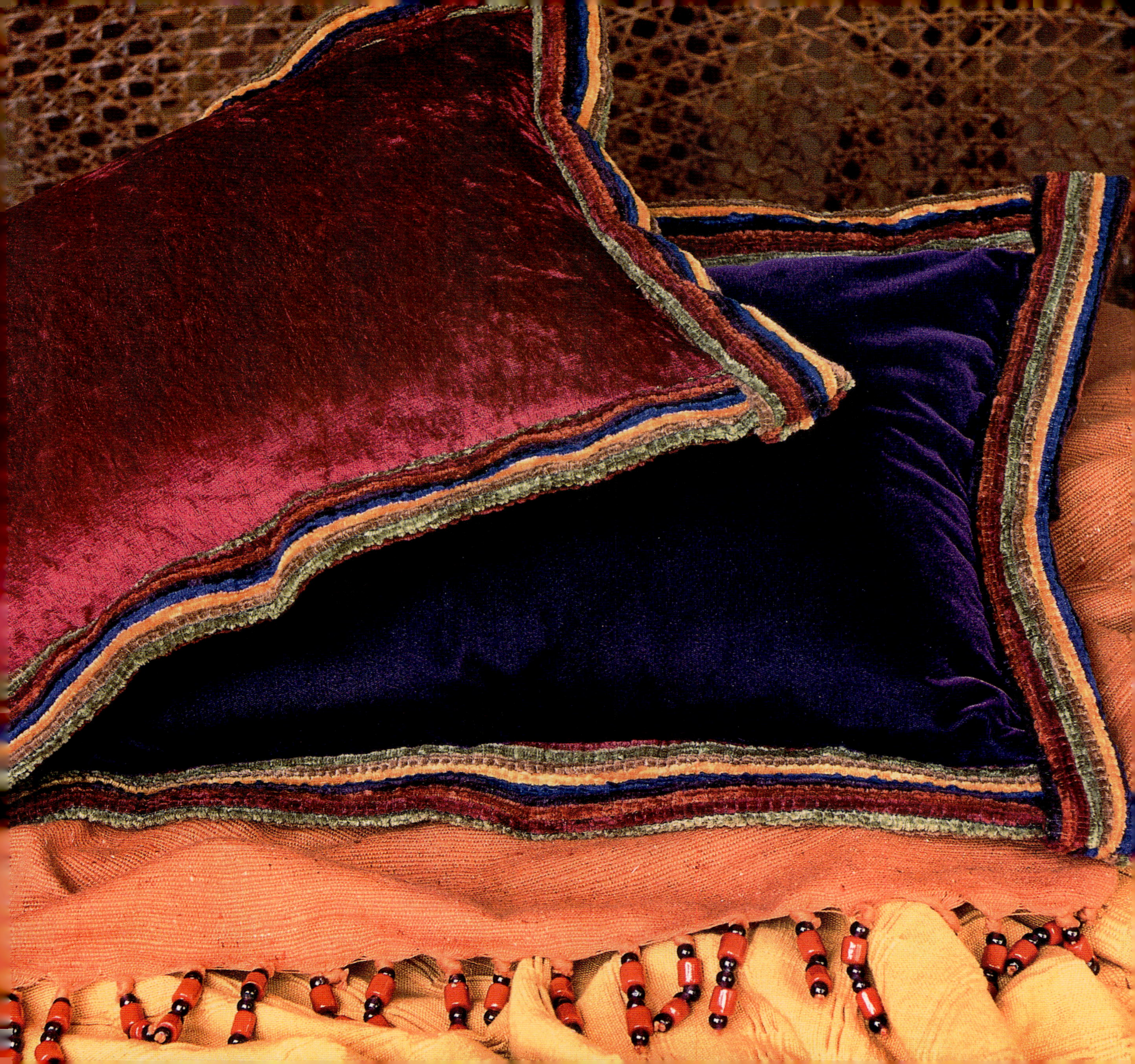

GEWÜRZOBELISK

Hier wird große Wirkung einfach durch einen großzügigen Entwurf erzielt. Dieser sehr elegante Obelisk erinnert an den Prunk des achtzehnten Jahrhunderts und ist doch unglaublich einfach anzufertigen. Die Kombination von Gewürznelken und Sternanis ergibt eine hübsche und reich gegliederte Oberflächenstruktur, die durch das Band in sattem Blau noch hervorgehoben wird.

MATERIAL

Messer
Kegel aus trockener Blumensteckmasse, etwa 30 cm Durchmesser
Ziergefäß aus Metall, etwa 30 cm Durchmesser
Stecknadeln
2 m Band, 5 cm breit und mit Metallfäden durchwirkt
Drahtzange
Bindedraht für Floristen
60 Sternanisfrüchte
1 kg Gewürznelken, möglichst handverlesen

RECHTS: Die Sternanisfrüchte wirken hübsch an diesem Obelisken. Denken Sie beim Kauf des Materials daran, daß die Packungen viele zerbrochene Früchte enthalten; besorgen Sie also eine reichliche Menge Sternanis. Sie können den Obelisken auch nur mit Gewürznelken und dem Band schmücken – er wird nichts von seiner beeindruckenden Eleganz einbüßen.

1 Schneiden Sie den unteren Teil des Steckmassekegels so zurecht, daß er genau in das Ziergefäß paßt.

2 Legen Sie das Band, von unten nach oben und von oben wieder nach unten gehend, in Spiralen rund um den Kegel. Rüschen Sie das Band dabei etwas an und befestigen Sie es mit Stecknadeln.

3 Schneiden Sie für jede Sternanisfrucht zwei 5 cm lange Drahtstücke zurecht. Legen Sie sie überkreuz auf die Frucht und drehen Sie die Enden auf der Rückseite zusammen.

4 Stecken Sie die angedrahteten Sternanisfrüchte zu einem gefälligen Muster in den Kegel.

5 Verzieren Sie alle noch unbedeckten Teile des Kegels mit den Gewürznelken. Arbeiten Sie dabei in Reihen, damit die Oberfläche am Ende schöner aussieht.

STRUWWELPETER-FORMBAUM

Künstliche, an Struwwelpeters Haarschopf erinnernde Bäume sehen neben dem Kamin oder auf dem Kaminaufsatz sehr dekorativ aus. Damit der fertige Zimmerschmuck möglichst wirkungsvoll aussieht, darf er nicht zu klein geraten.

MATERIAL FÜR EINEN BAUM

Messer
Blumensteckschaum als Füllung für einen Topf
Topf von etwa 20 cm Durchmesser
2 Äste Korkenzieherweide, je 50 cm lang
mittelstarker Bindedraht für Floristen
1 kg große getrocknete Chillies
Steckschaumkugel von etwa 20 cm Durchmesser
1 Handvoll Rentiermoos
kurze Steckdrähte, zu Haarnadelform gebogen

OBEN: Goldfarben und schwarz lackierte Töpfe passen gut zu den exotisch aussehenden Bäumen.

1 Schneiden Sie die Steckschaumstücke so zurecht, daß sie genau in den Topf passen. Schneiden Sie alle Seitentriebe ab und drücken Sie die kahlen Äste in den mit Steckschaum gefüllten Topf.

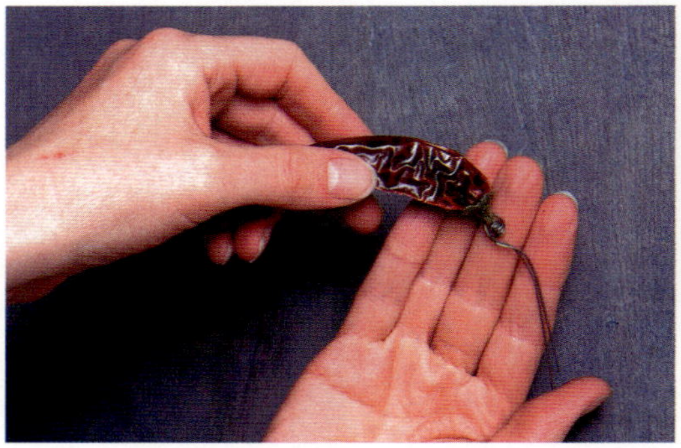

2 Schneiden Sie ein Stück Bindedraht ab und umwinden Sie damit das Stielende einer Chilliefrucht. Drehen Sie die Drahtenden zusammen und kürzen Sie sie auf 2,5 cm Länge. Schneiden Sie das Stielende knapp am Draht ab und wiederholen Sie alles.

3 Setzen Sie die Steckschaumkugel fest auf das obere Ende der Weidenäste. Stecken Sie um die Kugel einen Kreis aus Chillies.

4 Füllen Sie Reihe um Reihe erst die eine, dann die andere Hälfte der Kugel mit Chillies aus. Decken Sie den Steckschaum im Topf mit Rentiermoos ab. Befestigen Sie das Moos mit Steckdrähten.

DECKE MIT MUSKATNUSSRAND

Die mit einem Rand aus Muskatnüssen und Chenille verzierte Decke läßt sich für einen Tisch, für die Couch oder ebensogut als Tagesdecke für ein Bett verwenden. Auch einfache Vorhänge lassen sich auf diese Weise mit einer originellen Einfassung versehen.

MATERIAL

Muskatnüsse (jeweils 1 Nuß auf 4 cm)
1 Knäuel dickes senffarbenes Chenillegarn
Maßband
Schere
Alleskleber
Nähnadel mit großem Öhr
Stoffdecke von der Farbe der Gelbwurzel

1 Schneiden Sie für jede Muskatnuß ein etwa 15 cm und ein etwa 70 cm langes Stück Chenillegarn ab. Legen Sie ein langes Stück zweimal auf die Hälfte zusammen und ziehen Sie ein kurzes Stück durch die so entstandene Schlaufe. In das obere Ende der Schlaufe, an dem bereits das kurze Chenillestück zum Annähen hängt, wird eine Muskatnuß geklebt. Ziehen Sie dazu zunächst längs um die Muskatnuß eine dünne Linie aus Klebstoff.

2 Setzen Sie die Muskatnuß in das obere Ende der Schlaufe, legen Sie die Chenillefäden auf die Klebstofflinie und binden Sie die Enden knapp unter der Muskatnuß zu einem Knoten.

3 Nehmen Sie nun die Enden des kurzen Chenillefadens, mit dem die Muskatnuß nachher an der Stoffkante befestigt wird, und binden Sie sie knapp über der Muskatnuß zu einem Knoten.

LINKS: Die fertige Umrandung aus Muskatnüssen und Chenillegarn ist überraschend robust. Eine Reinigung in der Waschmaschine wird sie allerdings nicht vertragen. Waschen Sie die Decke statt dessen in warmem Wasser von Hand.

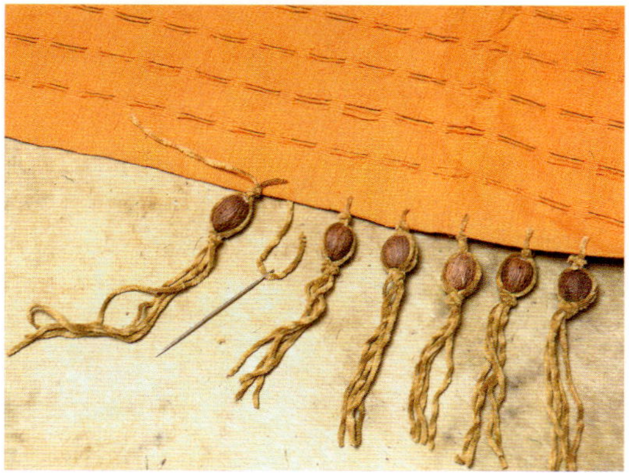

4 Ziehen Sie ein Ende des kurzen Chenillefadens an einer Ecke der Decke mit der Nadel von vorn nach hinten durch den Stoff. Nehmen Sie das andere lose Ende nach hinten und binden Sie beide mit einem Doppelknoten zusammen. Wiederholen Sie den Arbeitsgang mit der nächsten Nuß, die Sie vier Zentimenter von der ersten entfernt befestigen. Versehen Sie entweder nur zwei gegenüberliegende oder alle vier Seiten der Decke mit der Umrandung. Schneiden Sie die Fadenenden an der Deckenrückseite knapp über den Knoten ab und bringen Sie die langen Chenillefäden auf eine Länge.

Bilderrahmen aus Zimtstangen

Einen billigen Kiefernholzrahmen kann man in ein wertvolleres Stück mit einer kräftig strukturierten Oberfläche verwandeln, indem man das Holz mit dicht aneinandergelegten Zimtstangen beklebt. Der fertige Rahmen verströmt einen herrlichen Duft.

MATERIAL

Gartenschere
der Rahmengröße entspechende Menge Zimtstangen
Bilderrahmen aus Kiefernholz
Klebepistole und Heißwachskleber

1 Schneiden Sie die Zimtstangen mit der Gartenschere in Stücke von je 5 cm Länge.

2 Kleben Sie das erste Zimtstück so auf die Außenkante, daß es etwas über die Ecke herausragt. Legen Sie das nächste Stück im rechten Winkel dicht an das erste an. Legen Sie das dritte neben das erste Stück, so daß dessen Ende an das zweite Zimtstück stößt. Führen Sie die Arbeit so weiter, daß die beiden Reihen aufgeklebter Zimtstücke wie ein Mauersteinverband wirken.

3 Kleben Sie nun auf die gleiche Weise eine Reihe Zimtstücke an der inneren und eine weitere an der äußeren der ersten beiden Zimtstangenreihen fest.

4 Füllen Sie eventuell vorhandene Lükken zwischen den Zimtstangen mit kleinen, schmalen Zimtstücken auf, bis nichts mehr von dem Kiefernholz des Bilderrahmens zu sehen ist.

HERZ AUS MUSKATNÜSSEN UND ZIMTSTANGEN

Die warmen, unaufdringlichen Farben und der milde Duft der Muskatnüsse und der Zimtstangen machen das Herz zu einem idealen Schmuck für die Wand oder den Tisch.

MATERIAL

Messer
1 Paket Blumensteckschaum
herzförmige Backform aus Kupfer, etwa 30 cm Durchmesser
etwa 400 Zimtstangen, 7,5 cm lang
Gartenschere
Klebepistole und Heißwachskleber
50 Muskatnüsse
Bleistift
1 Handvoll Rentiermoos

1 Schneiden Sie aus dem Steckschaum drei Streifen, die etwa 5 cm breit und knapp so hoch wie die Backform sind. Legen Sie die Streifen so auf die Form, daß einer in der Mitte und die beiden anderen genau zwischen dem mittleren Streifen und dem linken bzw. rechten Rand der Backform liegen.

2 Schneiden Sie die Streifenenden passend zu. Haben Sie eine kleinere Anzahl längerer Zimtstangen, dann teilen Sie sie mit der Gartenschere. Verändern Sie das o. g. Längenmaß eventuell geringfügig und zerschneiden Sie die Stangen so, daß jede je nach ihrer Länge zwei oder drei gleichlange Stücke ergibt. Achten Sie jedoch darauf, daß die Zimtstücke beim Einsetzen in die Form etwa 2,5 cm über deren Rand hinausragen. Setzen Sie die Steckschaumstreifen in die Backform ein. Sie bilden die Basis für die Muskatnußstreifen. Stellen Sie rund um den äußeren Rand der Backform und zwischen die Steckschaumstreifen die Zimtstangen aufrecht nebeneinander. Stecken Sie sie so dicht zusammen, daß sie am Ende fest zusammengepreßt sind.

LINKS: Diese polierte Kupferform ergänzt aufs beste die natürlichen Farbtöne ihres würzigen Inhalts.

3 Bestreichen Sie jede Muskatnuß am unteren Ende mit etwas Klebstoff und befestigen Sie sie in Reihen auf den Steckschaum.

4 Drücken Sie mit der Spitze eines Bleistifts etwas Moos zwischen die Muskatnüsse, um den noch sichtbaren Steckschaum zu verdecken.

KAPITEL VIER

DUFTENDE DETAILS

Ich habe Decken über mein Bett gebreitet,

bunte Tücher aus ägyptischem Leinen;

ich habe mein Lager besprengt mit Myrrhe, Aloe und Zimt.

AUS: DAS BUCH DER SPRICHWÖRTER 7, 16 – 17

OBEN: Lorbeerblätter und getrocknete Scheiben von Zitrusfrüchten sind die Hauptbestandteile einer lange haltbaren Weihnachtsgirlande.

LINKS: Schmückende Details aus Gewürzen verbreiten einen feinen, angenehm würzigen Duft in den Räumen. Aus Gewürzen lassen sich einfache Dekorationen für ein Fest oder einen Tischschmuck herstellen, den man öfter verwenden kann.

LINKS: Die natürlichen Farben von Bast und Zimt sehen zusammen stets angenehm aus.

So wie eine Prise Gewürz ein einfaches Gericht in etwas eher Exotisches verwandeln kann, so verleihen ein paar ungewöhnliche Details Ihrem Heim einen angenehmen Reiz. Ganz gleich, welche Dinge Sie aus Gewürzen herstellen – sie werden ihren Duft verströmen und die Luft auf natürliche Weise erfrischen.

Dieses Kapitel enthält eine Fülle von Ideen, die sich schnell realisieren lassen, und mit deren Hilfe Sie die Räume Ihrer Wohnung mit würzigem Wohlgeruch beleben können. Wenn Sie nicht viel Zeit haben, aber für eine bestimmte Gelegenheit etwa Besonderes brauchen, dann werden Sie hier einen passenden Vorschlag finden. Viele Feste, Abendgesellschaften oder eine Weihnachtsfeier sind erst perfekt durch einige wohlüberlegte schmückende Details. Ein Raum, von Duftkerzen erhellt, entzückende Serviettenringe oder ein herrlicher, aromatisch duftender Tischschmuck sind für Familie und Freunde ein Zeichen der Wertschätzung und freundlichen Aufnahme. Auf den nächsten Seiten werden Sie unter anderem Vorschläge für kleine Formbäume als Schmuck für einen Tisch, ein Regal oder den Kaminaufsatz finden; Tischzubehör, das einem besonderen Essen einen Hauch Exotik gibt; festliche Dekorationen und Girlanden, die eine Feier so richtig abrunden und schließlich eine Idee für das Verpacken eines Geschenkes.

Erlernt man ein neues Handwerk, dann gibt es zunächst das Problem, einfach zu erkunden, wie die unterschiedlichen Materialien behandelt sein wollen und zu wissen, wie man mit ihnen einen bestimmten Effekt erzielen kann. Obwohl der Umgang mit Gewürzen auch für Anfänger nicht schwierig ist, erkennt man erst unmittelbar beim Verarbeiten, wie dicht oder wie locker beispielsweise eine Füllung aus Kardamomkapseln sein sollte oder wie eng Gewürznelken an-

LINKS: Die tiefen Rubintöne von Chilliefrüchten bringen eine kräftige Farbe ins Spiel, die einen Hauch Exotik verbreitet.

einandergesetzt werden müssen. Die meisten Gegenstände, die in diesem Kapitel vorgestellt werden, sind nicht allzu groß, unkompliziert und schnell nachzuarbeiten. Sie kosten nicht viel Zeit oder Geld, doch das Ergebnis ist hervorragend. Manche sind so einfach, daß auch Kinder sicher gern mitmachen und ihre Fertigkeiten ausprobieren

UNTEN: Auf Raffiabast gezogene getrocknete Gewürze – hier sind es Zimtstangen, Lorbeerblätter und Chillies – machen sich gut als Vorhangband.

OBEN: Sternanisfrüchte sind so hübsch anzusehen, daß man für einen ungewöhnlichen, aromatisch duftenden Zimmerschmuck nur einige Handvoll davon in eine Kupferschale zu legen braucht.

werden. Selbst Sechsjährige werden von den Ergebnissen entzückt sein. Vorab jedoch eine Warnung: Geben Sie den Kindern zum Arbeiten Alleskleber statt des Heißwachsklebers, der bei Hautkontakt schmerzhaft brennt.

Wie auch immer Ihre handwerklich-künstlerischen Fähigkeiten ausgeprägt sein mögen – Sie werden Freude am Nacharbeiten der einfachen Vorschläge haben. Die kleinen dekorativen Dinge werden Ihr Heim verwandeln und ein beliebiges Ereignis zu etwas wirklich Besonderem machen.

MINIATURFORMBÄUME AUS GEWÜRZEN

Mit ihren geringen Abmessungen sind viele Gewürze das ideale Material für verkleinerte Formbäume. Da sich die Bäumchen schnell und einfach herstellen lassen, können Sie schon bald eine ganze Reihe reizvoller Accessoirs besitzen, die in jedes Zimmer passen. Die Minibäume eignen sich auch wunderbar als Geschenk. Ihre geometrischen Formen – Kegel, Kugeln, Säulen – ahmen die in unterschiedliche Formen geschnittenen Buchsbäume aus der Gartenkunst des siebzehnten Jahrhunderts nach.

RECHTS UND UNTEN: Die rosaroten Beeren des Pfefferbaumes sind ein witziges Dekorationsmaterial für das metallene Ziergefäß. Sie fallen locker über den Rand des Gefäßes und lassen das Ganze dadurch sehr üppig aussehen. Setzen Sie einfach eine kleine Kugel aus Blumensteckschaum fest in das Ziergefäß und kleben Sie die Beeren mit Heißwachskleber darauf.

RECHTS UND OBEN: Die Unterlage für diesen reizenden Formbaum aus Gewürznelken und Sternanis bildet ein kleiner Kegel aus Blumensteckschaum. Schneiden Sie den unteren Kegelteil zurecht, so daß er in den Topf paßt, und geben Sie der Kegelspitze die gewünschte Form. Stecken Sie zunächst die gedrahteten Sternanisfrüchte, dann die Nelken fest. Die durch und durch natürlichen Farben und Materialien verleihen diesem schönen Arrangement einen zeitlosen Reiz.

DUFTENDE SERVIETTENRINGE

Diese Serviettenringe aus Organza, die an einen Haarschmuck aus Rüschengummi erinnern, sind ein elegantes und dennoch preiswertes Tischzubehör. Kardamom ist eine ideales Gewürz für die Füllung, da es einen frischen, lieblichen Duft besitzt, der das Aroma der Speisen nicht übertönt.

MATERIAL FÜR
SECHS SERVIETTENRINGE

Schere
0,5 m mit Metallfäden durchwirkter Organza
Maßband
1 m Gummiband
Nähnadel und passendes Nähgarn
Durchzieh- oder Sicherheitsnadel
6 Handvoll Kardamom

UNTEN: Stecken Sie in die Serviettenringe ein paar duftende Zimtstangen.

1 Schneiden Sie für jeden Serviettenring ein 46 cm × 15 cm großes Stück Organza und ein 15 cm langes Stück Gummiband zurecht. Legen Sie den Stoffstreifen rechts auf rechts längs auf die Hälfte zusammen. Schließen Sie die Naht an der langen Seite.

2 Ziehen Sie mit Hilfe der Durchzieh- oder Sicherheitsnadel das Gummiband durch die Stoffröhre.

3 Nähen Sie die beiden Bandenden zusammen. Wenden Sie die rechte Stoffseite nach außen. Füllen Sie den Serviettenring locker mit Kardamomkapseln.

4 Legen Sie die Stoffkanten der noch offenen Schmalseiten nach innen um und nähen Sie sie mit Kantenstichen zusammen. Achten Sie vor dem Schließen der Naht darauf, daß beide Stoffkanten genau übereinanderliegen.

TISCHSCHMUCK AUS GEWÜRZEN

Die prächtigen Farbtöne und das Aroma der Gewürze ergeben einen exquisiten Tischschmuck, der schon vor dem Auftragen der Speisen appetitanregend wirkt. Der Glanz der Kupferschale verleiht diesem Arrangement eine orientalische Note.

MATERIAL

1 Streifen golddurchwirkter Organza,
15 cm × 1,25 m bzw. so lang, daß er locker um den oberen Rand des Gefäßes gelegt werden kann
1,50 m grünes Band, etwa 4 cm breit
Stecknadeln
Klebepistole und Heißwachskleber
Kupferschale, etwa 25 cm Durchmesser
2 Bogen Zeitungspapier
4 Handvoll getrocknete Muskatblüte
6 Limetten (Limonellen)
5 Duftkugeln oder getrocknete Orangen
4 frische Lorbeerzweige

1 Legen Sie den Organzastreifen längs auf die Hälfte zusammen. Stecken Sie ein Streifenende mit einem Ende des Bandes zusammen, winden Sie Organza und Band über die ganze Länge umeinander und stecken Sie die Enden zusammen.

2 Drapieren Sie den Organza und das Band locker rund um den oberen Rand der Kupferschale und befestigen Sie sie mit Heißwachskleber daran.

LINKS: Ein einfach anzufertigender Tischschmuck.

3 Legen Sie zuunterst zerknülltes Zeitungspapier in die Kupferschale. Bedecken Sie das Papier bis etwa 2,5 cm unterhalb des Schalenrandes völlig mit den getrockneten Muskatblüten.

4 Verteilen Sie darauf die Limetten. Legen Sie obenauf die Duftkugeln und stecken Sie zum Schluß die Lorbeerzweige dazwischen.

GESCHENKVERPACKUNG MIT STERNANIS

Goldpapier, Zellophan und mit einem Hauch Goldfarbe versehene Sternanisfrüchte ergeben eine sehr elegante Geschenkverpackung, die auch für eigenwillig geformte Gegenstände geeignet ist. Das Seidenpapier paßt sich jeder Form an, und das „Überkleid“ aus Zellophan ist weit genug für Rundungen, Ecken und Spitzen.

MATERIAL

goldfarbenes Seidenpapier
Zellophan, goldfarbene Kordelschnur
Goldwachs o.ä. für Restauratoren
12 Sternanisfrüchte (Anzahl je nach Größe der Verpackung)
Klebepistole und Heißwachskleber

1 Wickeln Sie das Geschenk in goldfarbenes Seidenpapier ein. Bei dieser Flasche wird das Papier am oberen Ende ähnlich der Umhüllung eines Knallbonbons zusammengenommen; ein Päckchen mit geraden Seitenkanten wird auf herkömmliche Art und Weise in das Seidenpapier gepackt. Schneiden Sie ein genügend großes Stück Zellophan zurecht, hüllen Sie das Päckchen darin ein und binden Sie Goldkordel darum.

LINKS: Die Sternanisfrüchte geben dem Geschenk eine würzige und dekorative Note. Bestreichen Sie die Sterne mit etwas Goldwachs; so sehen sie richtig festlich aus.

2 Hier wurden die vier Zellophanecken nach oben genommen und am Flaschenhals zusammengebunden. Da die Kanten des Zellophanstückes nicht bis an die Kordel heranreichten, wurden sie seitlich zu elegant wirkenden Flügeln auseinandergezogen.

3 Versehen Sie die Sternanisfrüchte mit etwas Goldwachs oder ähnlichem Farbmaterial.

4 Befestigen Sie die Sternanisfrüchte mit Heißwachskleber auf dem Zellophan. Verteilen Sie sie dabei über die gesamte Fläche zu einem schönen Muster.

GIRLANDE AUS LORBEER UND ORANGEN

Getrocknete Orangenscheiben mit ihren warmen Farbtönen und die glänzenden, immergrünen Lorbeerblätter sehen in einer Weihnachtsgirlande wunderbar aus. Die Girlande läßt sich sehr einfach herstellen, und ist, wenn Sie einen Lorbeerbaum besitzen, der gestutzt werden muß, auch nicht teuer.

MATERIAL

Girlandenrohform oder
Kükendraht und Blumensteckschaum
Drahtschere
2 Pakete Blumensteckschaum
Messer
Gartenschere
etwa 200 frische Lorbeerblätter auf 30 cm Girlande
Blumenbindedraht
1 Packung getrocknete Orangen- oder Zitronenscheiben
Band mit drahtverstärktem Rand, doppelt so lang wie die Girlande

1 Können Sie keine Girlandenrohform finden, dann fertigen Sie selbst eine an. Schneiden Sie dazu ein Stück Kükendraht zurecht (so lang wie die Girlande und 15 cm breit). Legen Sie mit Wasser getränkte und zurechtgeschnittene Steckschaumstücke der Länge nach auf den Draht. Rollen Sie den Draht zu einer mit Steckschaum gefüllten „Wurst" zusammen und biegen Sie die spitzen Enden nach innen. Schneiden Sie mit der Gartenschere kurze Lorbeerzweige zurecht und stecken Sie sie in die Girlandenrohform, bis diese völlig mit Lorbeerlaub bedeckt ist.

LINKS: Drahten Sie jeweils zwei Orangenscheiben zusammen, dann kommt ihre Farbe besser zur Geltung.

2 Schneiden Sie mehrere Bindedrahtstücke von 20 cm Länge zurecht. Drahten Sie jeweils zwei Zitrusscheiben an und drehen Sie die Drahtenden zusammen.

3 Befestigen Sie die angedrahteten Zitrusscheiben zwischen den Lorbeerblättern an der Girlandenrohform und winden Sie zum Schluß das Band um die Girlande.

EINFACHE GEWÜRZSCHNUR

Auf Bastschnüre gezogene Gewürze und getrocknete Orangen sind das ganze Jahr über ein attraktiver Schmuck.

MATERIAL

Gartenschere
Zimtstangen
getrocknete Orangen
Goldwachs o. ä. für Restauratoren
Raffiabast
Nähnadel mit großem Öhr
große getrocknete Chillies
getrocknete Lorbeerblätter
Schere

1 Schneiden Sie die Zimtstangen auf etwa 10 cm Länge und bestreichen Sie die Orangen mit etwas Goldwachs. Wickeln Sie ein Stück Bast um ein Bündel aus drei Zimtstangen und binden Sie den Bast als unteres Ende der Gewürzschnur zu einer Schleife. Ziehen Sie dann ein anderes Stück Bast so durch das erste, daß seine Enden gleichlang sind. Fädeln Sie die Enden in die Nadel. Ziehen Sie 3 Chillies, 1 Orange und 20 Lorbeerblätter auf den doppelten Bastfaden.

2 Ziehen Sie die Bastenden von der Nadel ab. Umwickeln Sie drei Zimtstangen je zweimal erst mit einem Ende in eine Richtung, dann mit dem anderen Ende in die andere Richtung. Verknoten Sie die Bastenden fest miteinander.

3 Fädeln Sie einen neuen Bastfaden ein und ziehen Sie 3 Chillies, 1 Orange und 20 Lorbeerblätter auf. Ziehen Sie den Bast von der Nadel ab und umwickeln Sie mit den Enden drei Zimtstangen wie in Schritt 2 beschrieben. Wiederholen Sie die Schritte.

KERZE MIT GEWÜRZNELKEN

Die mit Gewürznelken verzierte Bienenwachskerze erinnert an die hohen, eleganten Schornsteine der Häuser im Elisabethanischen Zeitalter. Zusammen mit einem passend gestalteten Kerzenhalter ist sie ein hübscher Schmuck für den Tisch oder die Kredenz.

MATERIAL

Steckschaumkugel, etwa 15 cm Durchmesser
großes Küchenmesser
etwa 25 Sternanisfrüchte
Blumenbindedraht
Schere
Bienenwachskerze, 5 cm Durchmesser
Spitzbohrer, Stricknadel oder Schraubendreher
Gewürznelken

1 Schneiden Sie mit einem großen Messer ein Drittel der Steckschaumkugel ab. Drahten Sie jede Sternanisfrucht, indem Sie zwei etwa 7,5 cm lange Drahtstücke kreuzweise über die Oberseite der Frucht legen und an deren Rückseite zusammendrehen. Die hübschen Drahtkreuze auf den Sternanisfrüchten bringen kleine schimmernde Lichteffekte in das Arrangement hinein.

2 Bohren Sie, dem Wabenmuster von oben schräg nach unten folgend, in jede zweite Wachszelle und seitlich in jede dritte Wachszelle für jede Gewürznelke ein Loch in die Kerze. Setzen Sie die Gewürznelken in die Löcher ein.

3 Drücken Sie die Kerze in die Mitte der Steckschaumunterlage und verzieren Sie die Unterlage mit Gewürznelken. Setzen Sie die Sternanisfrüchte rund um den oberen und den unteren Rand der Unterlage.

GEWÜRZKRANZ IM SHAKER-STIL

Dieser flexible Kranz hat nichts von der Steifheit der auf Weidengeflecht gearbeiteten Kränze an sich. Seine Gestaltung ist vom Stil der Kräutergeschenke der Shaker, einer im 18. Jahrhundert gegründeten amerikanischen Religionsgemeinschaft, beeinflußt. Auf die gleiche Weise lassen sich auch Girlanden herstellen. Ziehen Sie einfach so viele Gewürze auf Bast, bis die gewünschte Länge erreicht ist.

MATERIAL

Goldwachs o.ä. für Restauratoren
getrocknete Orangen
Naturbast
Zimtstangen
Nähnadel mit großem Öhr
getrocknete Lorbeerblätter

1 Reiben oder streichen Sie zunächst etwas Goldfarbe auf die Orangen. Wickeln Sie einen Strang Bast mehrmals um ein Bündel aus drei Zimtstangen, verknoten Sie ihn und lassen Sie die Enden lang hängen; sie werden am Schluß zum Zusammenbinden gebraucht. Ziehen Sie einen einzelnen Bastfaden an der dem Knoten gegenüberliegenden Seite unter dem Baststrang durch. Achten Sie darauf, daß die Enden gleich lang sind. Verknoten Sie die Enden möglichst nahe an dem Zimtbündel fest miteinander.

LINKS: Um den Kranz zu vollenden, werden die beiden Bastenden einfach zusammengebunden.

2 Fädeln Sie beide Bastenden durch das Nadelöhr und ziehen Sie etwa 20 Lorbeerblätter, dann 1 Orange und 20 weitere Lorbeerblätter auf. Ziehen Sie die Bastenden aus der Nadel und wickeln Sie sie in beiden Richtungen um ein Bündel aus drei Zimtstangen. Binden Sie die Enden zusammen.

3 Nehmen Sie ein neues Stück Bast und setzen Sie die Arbeit fort, bis die Girlande 85 cm lang ist. Binden Sie zum Schluß die Bastenden mit einem Doppelknoten zusammen. Schneiden Sie sie auf eine Länge.

AROMATISCH DUFTENDER UNTERSETZER

Für diesen duftenden Untersetzer wurde ein derber Drillichbezug mit Gewürznelken gefüllt. Die Hitze eines Topfes, den man direkt vom Herd auf den Untersetzer stellt, läßt den unverkennbaren, verlockenden Duft der Gewürznelken aufsteigen.

MATERIAL

50 cm Drillich
Maßband
Schneiderschere
Nähnadel und passendes Nähgarn
Stecknadeln
Gewürznelken
Polsternadel
Baumwollschnur

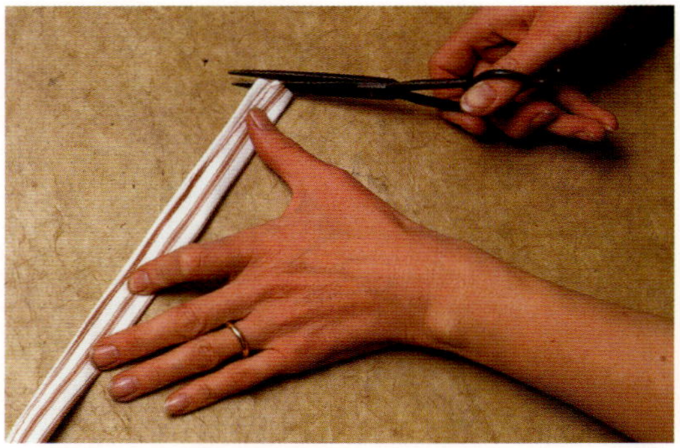

1 Stellen Sie zuerst den Aufhänger her. Legen Sie dazu einen Drillichstreifen (5 cm × 30 cm) längs, links auf links liegend, auf die Hälfte zusammen. Schneiden Sie die Kanten gerade, schlagen Sie sie nach innen um und schließen Sie die Längsnaht.

2 Schneiden Sie zwei Drillichstücke (28 cm × 23 cm) zurecht. Legen Sie den Aufhänger auf die Hälfte zusammen und schieben Sie ihn so zwischen die rechts auf rechts liegenden Drillichstücke, daß er gerade bis an die Nahtzugabe reicht und seine Schmalseiten genau mit den Stoffkanten der kurzen Seite des Untersetzers abschließen.

3 Stecken Sie die Drillichstücke zusammen und schließen Sie die Nähte. Lassen Sie 10 cm Naht offen. Wenden Sie den Bezug und füllen Sie ihn nur locker mit Gewürznelken, schließen Sie die Naht .

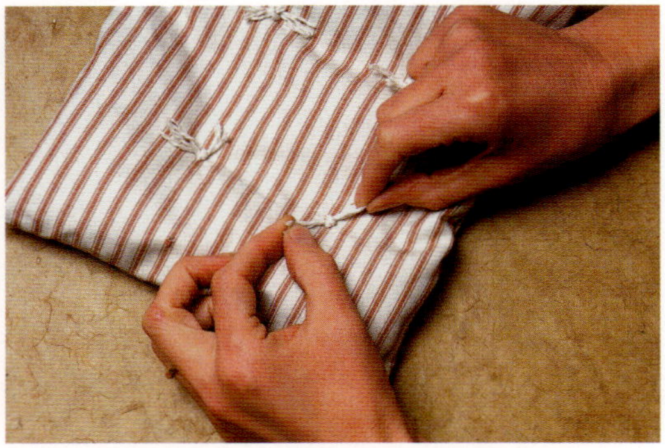

4 Ziehen Sie die Polsternadel mit der Baumwollschnur an vier Punkten im Abstand von jeweils einem Drittel der Seitenlänge des Untersetzers durch den Bezug und binden Sie die Schnurenden jedesmal mit einem einfachen Knoten zusammen. Ziehen Sie die Enden zu einzelnen Fasern auseinander.

Dekorativer Blumentopf

Die Kombination aus roten Pfefferbaumbeeren und Zimtstangen ist ein nicht zu übersehender Schmuck für einen einfachen Blumentopf.

MATERIAL

Gartenschere
Zimtstangen
kleiner Terrakottatopf
Klebepistole und Heißwachskleber
rote Pfefferbaumbeeren
kleines Glas (nach Wunsch)

1 Schneiden Sie die Zimtstangen mit der Gartenschere genau der Höhe des Blumentopfes entsprechend zu.

2 Bestreichen Sie eine Zimtstange auf einer Seite mit Kleber und befestigen Sie sie am Blumentopf. Wiederholen Sie den Arbeitsgang und verteilen Sie die übrigen Zimtstangen nach Augenmaß in ungefähr gleichen Abständen rund um den Topf.

3 Bedecken Sie die Flächen zwischen jeweils zwei Zimtstangen mit Heißwachskleber.

4 Streuen Sie darauf die Pfefferbaumbeeren. Wenn Sie den Topf als Gefäß für Schnittblumen verwenden möchten, sollten Sie ein kleines Glas hineinstellen. Der Topf läßt sich auch als dekoratives Behältnis für Bleistifte und Malpinsel benutzen.

KAPITEL FÜNF

Aromatische Gewürze

Ein Lustgarten sprosst aus Dir, Granatbäume mit köstlichen Früchten, Hennadolden, Nardenblüten, Krokus, Gewürzrohr und Zimt, alle Weihrauchbäume, Myrrhe und Aloe, allerbester Balsam.

aus: Das Hohelied 4, 14 – 15

Oben: Traditionelle Duftkugeln sind dekorativ und verleihen dem Raum auf natürliche Weise einen feinen Duft.

Links: Mit ihrem kräftigen, anregenden Aroma, das frei von leichteren und mitunter aufdringlich wirkenden blumigen Noten ist, eignen sich Gewürze und deren Inhaltsstoffe sehr gut für Bäder und für die Aromatherapie.

Kräftige, aromatische Düfte sind ein alltäglicher Luxus, den sich jeder gönnen kann. Sie fördern das Wohlbefinden und rufen, sobald man sie spürt, Erinnerungen an eine Zeit, einen Ort oder eine Stimmung wach. Welch angenehmes Gefühl ist es, in einer Wohnung den leichten, natürlichen Wohlgeruch von Gewürzen wahrzunehmen, der die Räume durchzieht und Kleider- und Wäscheschränke parfümiert. Die Frau, die im Buch der Sprichwörter, einem Buch der Bibel, die Worte spricht: „ … ich habe mein Lager besprengt mit Myrrhe, Aloe und Zimt.", wußte genau um die Wirkung von Kräutern und Gewürzen und benutzte sie, um eine angenehme, einladende Atmosphäre zu schaffen, so wie wir es heute mit Hilfe einer Duftlampe tun. Der aromatische Duft von Gewürzen übt seine Wirkung auf jedermann aus, dabei spielen weder Alter, noch Geschlecht oder Nationalität eine Rolle. Dennoch haben unsere Gewürze oftmals ihren festen Platz ausschließlich in der Küche, um ihre primäre Aufgabe – die geschmackliche Verbesserung der Speisen – zu erfüllen, während wir das Parfümieren der Räume den Blumen und Kräutern überlassen, deren Duft meist leichter und weniger anhaltend ist.

UNTEN: Aromatisch duftende Körperpflegemittel und Badezusätze sind allgemein beliebt.

In den vergangenen Jahrhunderten dienten die Düfte von Kräutern und Gewürzen einem viel pragmatischeren Zweck. Der Mangel an sanitären Einrichtungen und persönlicher Hygiene hatte nämlich zur Folge, daß die menschliche Umgebung von recht unangenehmen Gerüchen erfüllt war, gegen die man in den Wohnungen Schalen mit duftenden Potpourris aufstellte. Viele Menschen trugen Duftkugeln mit sich, um die Luft um sich herum zu parfümieren. Dank der modernen Hygiene sind es in unserer Zeit ganz andere Gründe, weshalb wir den Wohlgeruch von Kräutern und Gewürzen schätzen, doch damals wie heute können angenehme Düfte Wohlbefinden und Lebensfreude merklich steigern.

Warnung

Auch Naturprodukte können bei manchen Menschen Allergien auslösen. Testen Sie deshalb Erzeugnisse zur Hautpflege zunächst an einer kleinen Stelle Ihres Körpers, bevor Sie sie großflächig anwenden. Schwangere sollten auf selbstgemachte Kosmetika verzichten oder vorher den Rat eines Fachmannes einholen.

OBEN: Um einen Raum zu parfümieren, kann man vor dem Anzünden von Kerzen einige Tropfen ätherisches Öl auf das Wachs träufeln.

OBEN: Eine Auswahl von Gewürzölen. Das Inhalieren von Zimtöl regt den Appetit an und lindert Grippebeschwerden; der frische Duft von Kardamom wird für Kosmetika genutzt; Gewürznelken wirken lindernd bei Verdauungsstörungen und Zahnschmerzen. Zum Inhalieren geben Sie einige Tropfen Gewürzöl Ihrer Wahl in eine Schüssel mit dampfendem Wasser. Beugen Sie den Kopf darüber und atmen Sie tief ein.

Das aromatische Potential von Gewürzen, die wir als Duftspender in der Wohnung verwenden, ist riesig. Es reicht vom milden, abgerundeten Wohlgeruch der Muskatnuß und der getrockneten Muskatblüte bis zum sinnlichen und exotischen Zimt, dem frischen, feinen Kardamom und den kräftigen, anregenden Gewürznelken.

Auf den folgenden Seiten finden Sie eine Vielzahl von Ideen – angefangen von jahrhundertealten, für unsere Bedürfnisse leicht abgewandelten Traditionen und zeitgemäßen Methoden des Parfümierens der Wäsche und ganzer Räume bis hin zu einfach herzustellenden Kosmetika.

DUFTKISSEN

Dieses prächtige, mit Kardamom gefüllte Duftkissen aus schillerndem Organza, Samt und Chenille ist eine hübsche Alternative zu den traditionellen Lavendelbeuteln.

MATERIAL

Bleistift und Pauspapier
Schneiderschere
kleines Stück Samt
0,5 m golddurchwirkter Organza
Maßband
Nähnadel, Heftgarn, passendes Nähgarn
Nähmaschine
1 Handvoll Kardamomkapseln
28 Chenillefäden, 15 cm lang
Nähnadel mit großem Öhr

1 Fertigen Sie mit dem Pauspapier eine Kopie der kleinen Herzform von Seite 124 an. Schneiden Sie nach dieser Vorlage ein Samtherz aus. Schneiden Sie vier rechteckige Organzastücke (21 cm × 15 cm) zurecht. Heften Sie das Herz in die Mitte eines Organzastückes. Legen Sie dieses Organzastück auf ein zweites und umnähen Sie die Kanten in Geradstichen mit der Nähmaschine. Stellen Sie die Maschine auf engen Zick-Zack-Stich ein und applizieren Sie das Herz auf den Organza. Entfernen Sie den Heftfaden. Nähen Sie die beiden anderen Organzastücke ebenfalls mit Geradstichen zusammen. Damit sind Vorder- und Rückseite des Duftkissens fertig.

LINKS: Das weiche Samtherz bildet einen sinnlichen Kontrast zu dem schimmernden Organza.

2 Legen Sie Vorder- und Rückseite rechts auf rechts zusammen. Schließen Sie die Nähte an drei Seiten. Wenden Sie das Kissen und füllen Sie es mit Kardamom. Schließen Sie die letzte Naht mit Kantenstichen. Umnähen Sie die Außenkanten des Kissens mit engen Zick-Zack-Stichen. Bringen Sie 5 mm nach innen versetzt eine weitere Zick-Zack-Naht rund um das Kissen an.

3 Legen Sie einen Faden auf die Hälfte zusammen, die beiden Enden durch das Öhr fädeln und durch eine Kissenecke ziehen.

4 Nehmen Sie den Chenillefaden aus der Nadel. Achten Sie darauf, daß die Schlaufe und die beiden losen Enden gleich lang sind und binden Sie sie möglichst nah an der Kissenkante mit einem einfachen Knoten zusammen. Wiederholen Sie den Arbeitsgang mit den übrigen Fäden. Jede Schmalseite soll einen Rand aus 14 Chenilleknoten und -fransen haben. Die Fransen haben eine Länge.

DUFTHERZ FÜR DEN KLEIDERSCHRANK

Dieses hübsche paillettenbesetzte Duftherz für den Kleiderschrank hat eine Schlaufe, mit der man es an einen Kleiderbügel hängen kann. Der anregende Duft der Füllung aus Gewürznelken parfümiert dann den ganzen Kleiderschrank.

MATERIAL

Pauspapier und Bleistift
Schere
Stecknadeln
0,5 m Wildseide
Schneiderschere
Nähnadel
Goldfaden
40 goldfarbene Pailletten, 8 mm Durchmesser
40 Glasperlen, 3 mm Durchmesser
1,5 m Taftband, 2,5 cm breit
passender Nähfaden
2 Handvoll Gewürznelken

1 Fertigen Sie eine Schablone nach der großen Herzform von Seite 124 an. Stecken Sie die Schablone auf der Rohseide fest und schneiden Sie 2 Stoffherzen aus. Fädeln Sie ein Stück Goldfaden in die Nadel und machen Sie in das Fadenende einen Knoten. Stechen Sie die Nadel von der Stoffrückseite etwa 3 cm unterhalb der Einbuchtung durch das Herz. Ziehen Sie eine Paillette und eine Perle auf den Faden.

2 Ziehen Sie Nadel und Faden durch die Paillette wieder auf die Stoffrückseite. Stechen Sie die Nadel etwa 3 cm unterhalb der ersten Paillette wieder ein und wiederholen Sie den oben beschriebenen Arbeitsgang, bis Sie in der Herzmitte eine senkrechte Reihe aus 4 Pailletten haben. Nähen Sie 3 cm unterhalb des Herzrandes links und rechts von der Mittelreihe je zwei senkrechte Reihen aus Pailletten und Perlen auf. Wiederholen Sie das Ganze mit der zweiten Herzform.

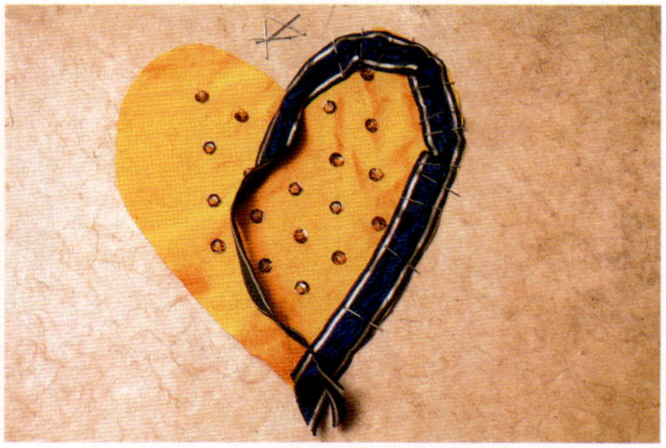

3 Stecken Sie das Band auf der rechten Stoffseite rund um die eine Herzform fest. Legen Sie es wie im Bild gezeigt an den Rundungen in Falten. Lassen Sie beide Enden an der Herzspitze überstehen. Heben Sie etwas Band für die Schlaufe auf.

4 Legen Sie das zweite Herz mit der rechten Stoffseite auf das erste und stecken Sie es fest. Nähen Sie beide Teile zusammen; lassen Sie die Herzspitze noch offen. Verschneiden Sie die Stoffkanten und schneiden Sie die Nahtzugabe an den Rundungen ein.

5 Wenden Sie das Herz und füllen Sie es mit Gewürznelken. Schlagen Sie die Bandenden nach innen um. Legen Sie ein Ende über das andere, so daß ein akkurater Abschluß entsteht. Legen Sie die noch offenen Kanten der Herzspitze nach innen um und schließen Sie die Naht von Hand. Falten Sie den Rest des Bandes zu einer Schlaufe zusammen. Legen Sie deren Enden nach innen um und nähen Sie sie an der Einbuchtung fest.

Kleiderbügel mit Duftpolster

Chinesische Zimtrinde eignet sich sehr gut als Füllung für gepolsterte Kleiderbügel. Ein Duftpolster läßt sich sehr einfach von Hand anfertigen.

MATERIAL

0,5 m grob geripptes Band
Holzkleiderbügel
Nähnadel und passender Faden
Schneiderschere
schwere Watteline,
etwas länger als der Kleiderbügel
und 15 cm breit
Chinesische Zimtrinde
Brokat, anderthalbfache Länge
des Kleiderbügels und 20 cm breit
Stecknadeln

UNTEN: Zimtfarbener Brokat und senffarbenes Band ergeben eine „würzige" Farbkombination.

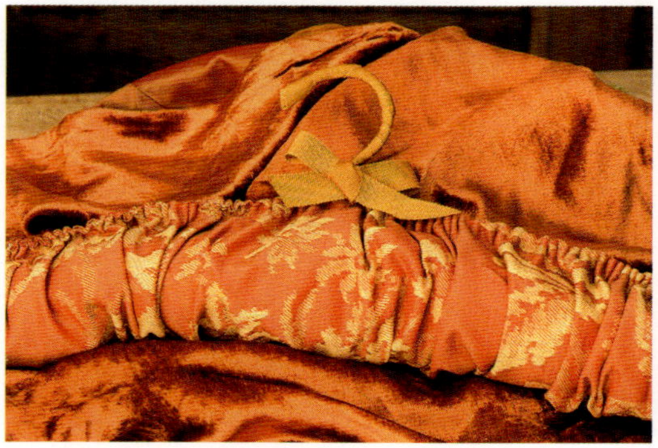

1 Wickeln Sie ein Ende des Bandes um das Ende des Kleiderbügelhakens und nähen Sie es fest. Umwickeln Sie danach den ganzen Haken und nähen Sie das untere Bandende fest.

2 Legen Sie den Kleiderbügel auf die Watteline und verteilen Sie die Zimtrinde flach und der Länge nach an der Bügelunterseite. Achten Sie darauf, daß keine scharfkantigen Stücke hervorstehen.

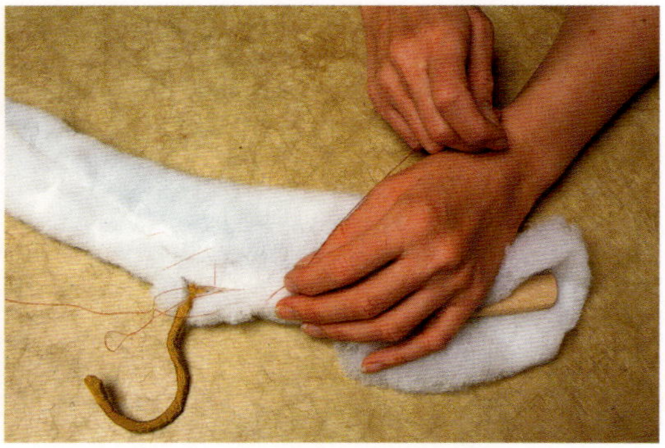

3 Legen Sie die Watteline um den Kleiderbügel. Ziehen Sie sie dabei fest um die Oberseite des Bügels, damit das Polster eine ordentliche Form erhält. Schlagen Sie die Enden nach innen um und nähen Sie die Kanten zusammen.

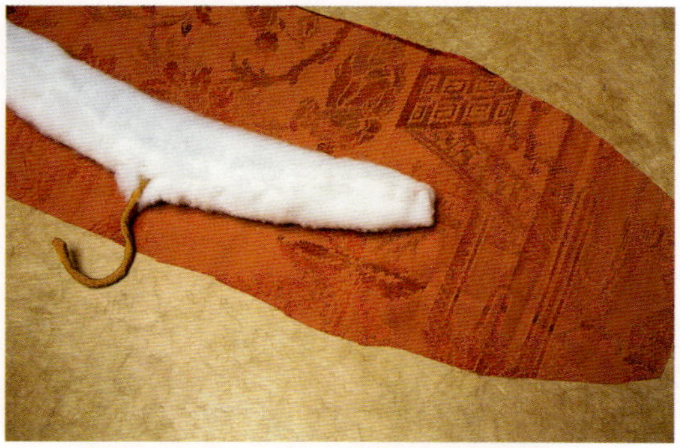

4 Schneiden Sie die Ecken des Brokatstoffes leicht bogenförmig zu. Legen Sie den Brokat auf die Hälfte zusammen und markieren Sie für den Kleiderbügelhaken die Mitte jeder Längskante mit einer Stecknadel.

5 Legen Sie den Brokatstoff um den Kleiderbügel. Beginnen Sie an einem Ende, legen Sie die ungesäumten Stoffkanten Stück für Stück nach innen um und nähen Sie sie bis zur Markierung mit doppeltem Faden zusammen.

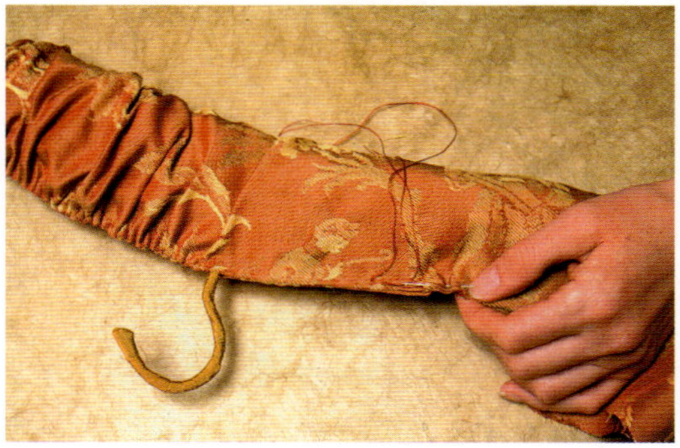

6 Ziehen Sie den Nähfaden fest, so daß sich der Brokat in kleinen Falten an die Bügelform anpaßt, und vernähen Sie den Faden. Wiederholen Sie die Arbeitsschritte, vom anderen Ende beginnend. Verzieren Sie den Kleiderbügelhaken mit einer Schleife.

POTPOURRI AUS GEWÜRZEN

Ein Potpourri aus Gewürzen ist eine erfrischende Alternative zu den konventionellen Duftschalen aus Blütenblättern. Am besten eignen sich große Gewürze, sie verleihen dem Ganzen Farbe und Struktur. Gewürzpulver verstärken den Duft.

MATERIAL

1 Handvoll Muskatblüte
1 Handvoll Gewürznelken
1 Handvoll Kardamomkapseln
1 Handvoll Zimtstangen, etwa 5 cm lang
6 Sternanisfrüchte
5 getrocknete Orangenscheiben
15 g Iriswurzelpulver
1 TL gemahlene Gewürznelken
1 TL gemahlene Muskatnuß
Mörser und Stößel
1 TL Zimtöl
1 TL Orangenöl
¼ TL Nelkenöl
Schraubgläser
große Rührschüssel

1 Schütten Sie die Muskatblüten, Gewürznelken, Kardamomkapseln, Zimtstangen, Sternanisfrüchte und Orangenscheiben in Ihr Potpourrigefäß, um festzustellen, ob die Menge ausreicht.

2 Vermengen Sie das Iriswurzelpulver und die gemahlenen Gewürze in einem Mörser. Mischen Sie die ätherischen Öle in einem Glas.

3 Geben Sie einige Tropfen Ölmischung auf das Gewürzpulver. Füllen Sie das Gemisch in ein Glas um. Mischen Sie den Rest des Öls mit Nelken und Kardamom und füllen Sie das Gemisch in ein anderes Glas.

4 Geben Sie am nächsten Tag den Rest der Gewürze in eine große Schüssel. Mengen Sie die mit Öl gemischten Nelken und Kardamomkapseln gut unter und fügen Sie die Pulver-Öl-Mischung dazu. Füllen Sie alles in ein Glas, die Mixtur soll bis zu 6 Wochen an einem dunklen Ort reifen.

KLASSISCHE DUFTKUGELN

Duftkugeln sind in England seit dem Elisabethanischen Zeitalter eine beliebte Weihnachtsdekoration. Die mit Gewürznelken verzierten getrockneten Orangen haben aber auch heute noch etwas Unwiderstehliches. Die Duftkugeln nach der traditionellen Methode mit Fixierungsmitteln und in einem bis zu vier Wochen dauernden Trocknungsprozeß herzustellen, ist jedoch etwas heikel, denn bei diesem Wettlauf mit der Zeit könnten die Früchte schimmlig werden. Hier wird Ihnen ein einfacheres und etwas zuverlässigeres Verfahren vorgestellt, bei dem die Orangen 12 Stunden lang im Backofen getrocknet werden.

MATERIAL

Navelorangen oder andere dünnschalige Orangen
Kugelschreiber
Gewürznelken
evtl. Spitzbohrer oder Stricknadel
Skalpell oder scharfes Schnitzmesser
Fleischspieße

1 Heizen Sie den Herd auf 50 °C vor. Entwerfen Sie ein Muster aus Linien, Spiralen oder ein Spitzenmotiv und zeichnen Sie es zunächst mit dem Kugelschreiber auf die Orangenschale. Drücken Sie dann die Nelken dem Muster entsprechend in die Schale. Sollten Sie dickschalige Früchte verwenden, dann müssen Sie für die Nelken Löcher vorbohren. Damit die Nelken nicht herausfallen, dürfen die Löcher nicht zu tief sein.

2 Schneiden Sie die Orangen zwischen den Gewürznelkenreihen ein. Die Schlitze werden erst beim Trocknen sichtbar.

3 Stecken Sie die Orangen auf Fleischspieße und plazieren Sie sie so im Herd, daß von allen Seiten warme Luft um die Früchte zirkulieren kann. Lassen Sie die Orangen 12 Stunden lang oder bis sie völlig trocken sind, im Herd.

LINKS: Einfache Muster sind meist am wirkungsvollsten.

DUFTKUGELN MIT KARDAMOM

Dekorative Duftkugeln lassen sich aus nahezu jeder Gewürzart herstellen. Die einzelnen Stücke werden einfach auf Kugeln aus Blumensteckschaum geklebt oder gesteckt. Hier beleben die gedämpften Grüntöne der Kardamomkapseln das erdige Braun der Gewürznelken. Das Grün bleicht mit der Zeit zu einem sehr hellen Braun aus, doch auch dann sehen die Duftkugeln noch schön aus.

MATERIAL FÜR EINE DUFTKUGEL

1 Handvoll Gewürznelken
Kugel aus Blumensteckschaum, etwa 7,5 cm Durchmesser
Klebepistole und Heißwachskleber
1 Handvoll Kardamomkapseln

UNTEN: Für eine Duftkugel benötigen Sie je eine Handvoll Gewürznelken und Kardamomkapseln.

1 Drücken Sie zuerst einen Kreis aus Gewürznelken rund um die Steckschaumkugel. Stecken Sie im rechten Winkel dazu einen zweiten Nelkenkreis in die Schaumkugel.

2 Bringen Sie links und rechts von beiden Kreisen eine weitere Reihe Gewürznelken an, so daß die Kugel danach in Viertel unterteilt ist. Stecken Sie die Nelken dicht aneinander, damit sie den Steckschaum verdecken.

3 Geben Sie aus der Klebepistole auf jede Kardamomkapsel etwas Leim und setzen Sie die Kapsel auf die Schaumkugel. Füllen Sie so zunächst ein Viertel, dann die anderen Viertel der Kugel von oben nach unten mit Kardamomkapseln aus. Ordnen Sie die Kapseln dabei der Länge nach an und achten Sie darauf, daß zwischen ihnen kein Steckschaum mehr zu sehen ist.

Fertigen Sie Duftkugeln mit verschiedenen Mustern an; das wirkt abwechslungsreicher. Die Arbeitsanleitung zeigt Ihnen, wie Sie eine durch das Muster in Viertel unterteilte Duftkugel herstellen können. Die vordere Kugel in der Abbildung gegenüber ist mit konzentrischen Kreisen aus Gewürznelken und Kardamomkapseln verziert. Entwerfen Sie Ihre Muster, ehe Sie mit der Arbeit beginnen.

DUFTENDER TOILETTENBEUTEL

Der frische Duft und die sanften Farbtöne grüner Kardamomkapseln macht diesen mit Band besetzten seidenen Toilettenbeutel wirklich zu etwas Besonderem. Trotz seines exquisiten Aussehens ist er einfach anzufertigen. Es kommt nur darauf an, hübsche, im Farbton passende Bänder auszusuchen. Der Beutel wird oben einfach mit Kunstseidenband zusammengebunden. Doch auch ein Zugbandverschluß ist schnell gemacht. Sie nähen dazu etwa 2,5 cm unterhalb des oberen Endes jeder senkrechten Naht einen kleinen Messingring fest und ziehen dann das Band durch.

MATERIAL

Pauspapier und Bleistift
Schneiderschere
1 m cremefarbener Seidenstoff
Stecknadeln
2,25 m Band mit Muschelkante, 3,5 cm breit
4,5 m Organzaband, 5 cm breit
Nähmaschine
passender Nähfaden
4 Handvoll Kardamomkapseln
2 m farblich kontrastierendes Kunstseidenband, 1 cm breit
kleine Messingringe (nach Wunsch)

1 Fertigen Sie eine Schablone nach der Form von Seite 125 an. Schneiden Sie aus dem Seidenstoff vier Haupt- und vier Besatzteile zu. Stecken Sie das Band mit der Muschelkante auf der Mittellinie jedes Haupt- und Besatzteils fest.

2 Stecken Sie auf allen Teilen zu beiden Seiten dieses Bandes Organzaband fest, so daß die zur Mitte zeigende Kante unter der Muschelkante liegt. Nähen Sie beide Seiten des Organzabandes auf die Seide auf, steppen Sie das Band mit der Muschelkante fest.

3 Legen Sie die vier Hauptteile einen nach dem anderen mit den Seitenkanten rechts auf rechts aneinander und schließen Sie die Seitennähte. Schließen Sie die Nähte am Boden des Beutels, indem Sie je zwei nebeneinanderliegende Kanten rechts auf rechts zusammennähen. Wenden Sie den Beutel.

4 Füllen Sie die Hohlräume zwischen Organzaband und Seidenstoff jeweils zu einem Drittel mit Kardamomkapseln.

5 Legen Sie die Seitenkanten der Besatzteile rechts auf rechts aneinander und schließen Sie die Seitennähte. Säumen Sie die unteren Kanten.

6 Legen Sie die diagonalen Kanten der Besatzteile genau auf die entsprechenden Kanten der Hauptteile. Nähen Sie an den übereinanderliegenden diagonalen Kanten an der oberen Seite des Beutels entlang. Schneiden Sie die Nahtzugabe an den Spitzen der Dreiecke knapp über der Naht ab und wenden Sie die rechte Seite der Besatzteile nach außen. Binden Sie den Beutel oben mit Kunstseidenband zusammen. Schlagen Sie seine Spitzen dekorativ nach außen um.

Citrus-Feuchtigkeitscreme

Diese köstlich frische Citrus-Feuchtigkeitscreme können Sie selbst herstellen. Füllen Sie sie in hübsche Glasgefäße, dann haben Sie bei Gelegenheit gleich ein Geschenk zur Hand. Limette (Limonelle) ist strenggenommen zwar kein Gewürz, doch hat sie ebensolche anregende Eigenschaften. Limette wirkt mild zusammenziehend.

ZUTATEN
FÜR 4 KLEINE GLÄSER

2 feuerfeste Schüsseln
kleiner Topf
4 TL Bienenwachskörner
25 g Kakaobutter
80 ml Mandelöl
Holzlöffel
2 TL Borax
180 ml Orangenblütenwasser
10 Tropfen ätherisches Limettöl

Warnung

Wie alle Kosmetikpräparate, so kann auch diese Feuchtigkeitscreme bei manchen Menschen eine allergische Reaktion hervorrufen. Schwangere sollten die Creme nicht anwenden. Verzichten Sie auch vor dem Gang ins Sonnenstudio oder vor einem Spaziergang in der prallen Sonne auf die Anwendung des Präparats.

1 Setzen Sie eine Schüssel auf einen Topf mit siedendem Wasser und geben Sie das Bienenwachs, die Kakaobutter und das Mandelöl hinein. Erwärmen Sie die Zutaten unter leichtem Rühren, bis diese sich vollständig aufgelöst haben.

2 Vermischen Sie in einer anderen Schüssel Borax und Orangenblütenwasser miteinander. Setzen Sie die Schüssel auf einen Topf mit siedendem Wasser und lassen Sie es stehen, bis das Borax sich aufgelöst hat.

3 Nehmen Sie die Schüssel vom Topf und gießen Sie Borax und Orangenblütenwasser unter ständigem Rühren in die Schüssel mit dem Bienenwachs.

4 Geben Sie das ätherische Limettöl zu dieser Mischung. Füllen Sie die fertige Creme in kleine Gläser und lagern Sie sie kühl. Die Creme ist drei Wochen haltbar. Werfen Sie eventuell vorhandene Reste nach dieser Zeit weg.

KÖRPERREINIGUNGSMITTEL MIT INGWER

Ingwer mit seinem belebenden Aroma regt den Kreislauf an und eignet sich daher ausgezeichnet als Zusatz für ein Körperreinigungsmittel. Tone und Honig entfernen sämtliche Hautunreinheiten und das Orangenblütenwasser läßt das Präparat angenehm duften. Das Präparat ist im Kühlschrank drei Wochen haltbar.

MATERIAL

2 kleine Schüsseln
4 TL Kaolin
2 TL grüner Ton
1 EL gemahlene Mandeln
1 EL klarer Honig
2 EL warmes Wasser
1 EL Orangenblütenwasser
3 Tropfen ätherisches Ingweröl
kleiner Löffel
Vorratsglas

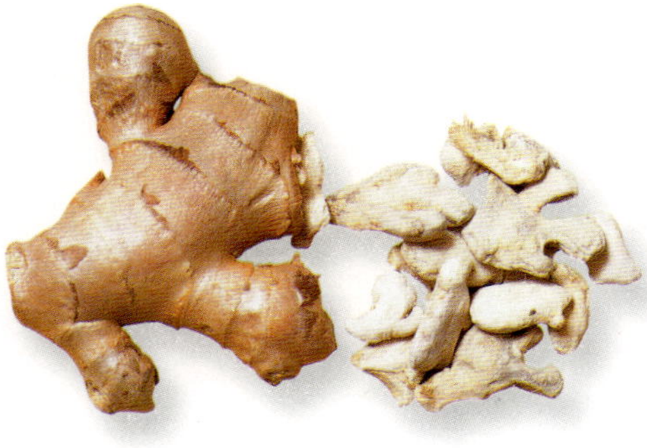

1 Geben Sie das Kaolin, den grünen Ton und die gemahlenen Mandeln in eine Schüssel. Lösen Sie in der anderen Schüssel den Honig im Wasser auf und fügen Sie das Orangenblütenwasser und das ätherische Öl hinzu.

2 Gießen Sie die Mischung aus Honig, Orangenblütenwasser und ätherischem Öl in die Schüssel mit Kaolin, Ton und gemahlenen Mandeln.

3 Vermischen Sie das Ganze mit einem Löffel. Bewahren Sie die Mischung in einem Vorratsglas im Kühlschrank auf; sie ist vier Wochen haltbar. Tragen Sie das Körperreinigungsmittel mit kreisender Handbewegung auf die Haut auf, nehmen Sie zum Anfeuchten nötigenfalls etwas Wasser dazu. Spülen Sie die Haut mit warmem Wasser ab. Wenn Sie die gesamte Menge nicht sofort verbrauchen, bewahren Sie sie in einem Glasgefäß auf, das mit seinem Inhalt nicht chemisch reagiert.

Warnung

Dieses Körperreinigungsmittel kann wie alle Hautpflegemittel bei manchen Menschen eine allergische Reaktion hervorrufen. Schwangere sollten das Mittel nicht anwenden.

LEMONGRASSEIFE

Lemongras hat eine tonisierende und antiseptische Wirkung, die nicht nur gegen fettige Haut und Akne hilft, sondern auch infolge einer Schwangerschaft oder einer Diät zur Gewichtsverminderung schlaff gewordene Haut strafft.

MATERIAL

Reibe
150 g unparfümierte Seife
feuerfeste Schüssel
Meßbecher
Topf
Löffel
Mörser und Stößel
12 Tropfen Lemongrasöl

UNTEN: Papyrusstengel und Raffiabast sind eine wunderbar natürliche Verpackung für die Lemongrasseife. Wenn Sie die Seife verschenken, stecken sie etwas frisches oder getrocknetes Lemongras in das Päckchen.

1 Reiben Sie die Seife auf der feinsten Reibefläche in eine Schüssel.

2 Geben Sie einen Teil Wasser auf zwei Teile Seife. Setzen Sie die Schüssel auf einen Topf mit siedendem Wasser und rühren Sie die Mischung ununterbrochen, bis Wasser und Seife sich miteinander verbunden haben. Diesen langsam vor sich gehenden Prozeß erkennen Sie daran, daß die Seife dicker wird und sich immer schwerer rühren läßt. Nehmen Sie den Topf vom Herd.

3 Füllen Sie die Seife in einen Mörser um, geben Sie das Lemongrasöl dazu und vermischen sie alles gut miteinander.

4 Feuchten Sie Ihre Hände an, nehmen Sie die Hälfte der Masse und formen Sie sie zu einem Seifenstück. Wiederholen Sie diesen Arbeitsgang mit dem Rest der Seifenmasse. Lassen Sie die Stücke auf einem Holzbrett trocknen und fest werden. Das kann einige Tage dauern. Verbrauchen Sie die fertige Seife innerhalb eines Monats.

KAPITEL SECHS

Köstliche Geschenke

Nase, Nase, lustige rote Nase,

Woher hast Du diese rote Nase? ...

Muskatnuss und Ingwer, Zimt und Nelke,

Sie machten mir eine rote Nase.

nach: John Fletcher (1579–1625), The Knight of the Burning Pestle

Oben: Die in eine hübsche Holzschachtel verpackten Ingwertrüffeln sind ein besonderes Geschenk.

Links: Ein Glas mit aromatischen Essigbirnen oder andere würzige Köstlichkeiten wird jeder gern annehmen.

Es gibt mehr als einen Grund, Gewürzen die ihnen gebührende Aufmerksamkeit zu schenken. Ausschließlich milde Speisen, denen es an Aroma und Pikantheit fehlt, würden uns wohl nach einer gewissen Zeit den Genuß am Essen verderben. Auch ist inzwischen die Auswahl an getrockneten und frischen Gewürzen recht groß. Zwar ist der Transport aus den Herkunftsländern heute weniger dramatisch als zu der Zeit, da Karawanen auf den Gewürzstraßen über ganze Kontinente zogen und wertvolle Schiffsladungen auf eine ungewisse Reise über die Ozeane geschickt wurden, doch das sinnliche Vergnügen, das uns die Schärfe und das Aroma der Gewürze verschafft, ist nicht geringer geworden. Auf den folgenden Seiten werden Sie Geschenkideen finden, deren Tradition bis ins achtzehnte Jahrhundert zurückgeht, als die Engländer von ihren Indienfahrten auch in Essig eingelegtes Obst und Gemüse mit nach Hause brachten. Die überaus reich gewürzten Chutneys und Senfpickles, die sich lange lagern ließen, wurden als aromatische Zuspeise zu den herkömmlichen Gerichten serviert.

Diese kulinarischen Schätze lassen sich auf einfache Weise in ganz besondere Geschenke verwandeln, wenn man eine entsprechende Verpackung wählt: schön geformte

OBEN: Pfefferkörner, Lorbeer und Kardamom sind drei beliebte Gewürze für Pickles.

LINKS: Zimtstangen und Muskatblüte besitzen ein zartes, abgerundetes Aroma.

OBEN: Zimttee ist ein Getränk, das nicht nur erfrischt, sondern auch therapeutische Eigenschaften hat.

Konservengläser, mit passendem Stoff oder mit Papier ausgeschlagene Körbe und hübsch bemalte Schachteln, die man später immer wieder verwenden kann.

Wer wäre nicht erfreut über ein solches Geschenk? Selbst diejenigen unter uns, die schon alles zu besitzen scheinen, werden sich über köstlich aromatischen Konfekt und Honigplätzchen, über besonders gewürzte Senfe und Chutneys und über pikante Kekse und Früchte freuen.

Die meisten Rezepte in diesem Kapitel ergeben mehrere Portionen, die man entsprechend verpackt zu Weihnachten oder zum Geburtstag verschenken kann. Damit werden Sie dem Beschenkten gewiß Freude bereiten, denn köstlich gewürzte Leckereien finden immer Anklang.

WÜRZIGE GETRÄNKE

Wärmende, aromatische Getränke sind ein willkommener Genuß an kalten Tagen und haben viele therapeutisch nutzbare Eigenschaften. Hier sollen drei Favoriten vorgestellt werden, deren Zutaten man in einen Korb verpacken und, wenn man Freunde besucht, als Geschenk für die Gastgeber mitnehmen kann. Ein handgeschriebenes Rezept auf einem passenden Etikett dazu verrät den Empfängern, wie das Getränk hergestellt wird.

HEISSER INGWER-TODDY

Heißer Ingwer-Toddy, ein grogähnliches Getränk auf Whiskybasis, schmeckt und wärmt nicht nur auf, sondern lindert auch, vor dem Zubettgehen getrunken, die anfänglichen Symptome einer Grippe.

ZUTATEN

Ein Glas Ingwerwurzel in Zuckersirup, ein Glas Honig, eine Zitrone, eine kleine Flasche Whisky.

ZUBEREITUNG

Schneiden Sie ein Stück Ingwerwurzel in dünne Scheiben und geben Sie diese zusammen mit 2 TL Honig und einer Scheibe Zitrone in ein feuerfestes Glas. Füllen Sie das Glas zu zwei Dritteln mit heißem Wasser auf, fügen Sie den Whisky hinzu und rühren Sie je nach Geschmack Zitronensaft unter. Trinken Sie vor dem Zubettgehen den heißen Toddy in kleinen Schlucken, um sich aufzuwärmen und zu kurieren.

OBEN: So verpacken Sie die Zutaten für heißen Ingwer-Toddy als Geschenk: Binden Sie goldfarbenen Organza auf das Ingwer- und das Honigglas, gießen Sie den Whisky in eine kleine Karaffe und stellen Sie alles in einen hübschen Drahtkorb.

RECHTS: Die Verpackung aus rotgoldenem Organza und goldfarbenem Band sieht kostbar und festlich aus und paßt sehr gut zur Farbe des Honigs.

ZIMTTEE

Dieses sehr erfrischende und aromatische Getränk schmeckt nicht nur köstlich, sondern beschleunigt auch die Genesung von einer Grippe und wirkt lindernd bei Übelkeit, Erkältungen, Blutandrang und bei allgemeinen Schmerzen.

ZUTATEN

Teebeutel mit Zitronenaroma, Zimtstangen, Orangen, Demererazucker (grobkristalliner brauner Rohzucker).

ZUBEREITUNG

Geben Sie einen Teebeutel, eine Zimtstange und eine Orangenscheibe in ein feuerfestes Glas. Füllen Sie kochendes Wasser auf und rühren Sie mit der Zimtstange, bis der Tee die gewünschte Stärke hat. Nehmen Sie den Teebeutel heraus und geben Sie nach Geschmack einen oder zwei Teelöffel Demererazucker in das Getränk.

GLÜHWEIN

Es gibt nur wenig, das uns stärker an die Weihnachtszeit erinnert, als ein Glas heiß servierter, duftender, würziger Glühwein.

ZUTATEN FÜR 6 PERSONEN

Eine Flasche Wein, Orangensaft, in ein schönes Glas mit Schraubverschluß oder in eine Flasche umgefüllt, ein Glas Demererazucker, Zimtstangen, mit Gewürznelken bestückte Clementinen.

LINKS: Lassen Sie dieses Geschenk ein wenig asiatische Atmosphäre verbreiten – packen Sie die Zutaten für den Zimttee in einen chinesischen Peddigrohrkorb. Wickeln Sie die Teebeutel in Pergamin ein und füllen Sie den Demererazucker in eine hübsche Glasflasche um.

OBEN: Zum kräftigen Aroma des Glühweins paßt eine Verpackung im ländlichen Stil. Legen Sie einen alten Korb mit Brokat aus und packen Sie mit Gewürznelken bestückte Clementinen in ein dekoratives Glas, das mit in den Korb kommt.

ZUBEREITUNG

Gießen Sie den Wein in einen Topf und fügen Sie 250 ml Orangensaft, 4 Eßlöffel Demererazucker und zwei halbierte Zimtstangen hinzu. Vierteln Sie die nelkenbestückten Clementinen und geben Sie sie ebenfalls in den Topf. Bringen sie den Wein langsam zum Kochen, lassen Sie ihn 15 Minuten stehen. Erhitzen Sie ihn nochmals und füllen Sie ihn dann in feuerfeste Gläser.

WÜRZIGE ESSIGBIRNEN

Diese mit Kardamom gewürzten Birnen schmecken köstlich zu kaltem Braten und Salat.

ZUTATEN

2 EL Zitronensaft
2 kg Birnen
2 Flaschen Rotweinessig à 350 ml
1 kg Kristallzucker
2 TL Kardamomkapseln
2 TL ganze Pfefferkörner
3 Lorbeerblätter
3 Stücke Orangenschale

ERGIBT 3 MITTELGROSSE GLÄSER

1 Füllen Sie einen großen Topf zur Hälfte mit kaltem Wasser und geben Sie den Zitronensaft dazu. Entstielen, schälen und halbieren Sie die Birnen und schneiden Sie die Kerngehäuse aus. Legen Sie die vorbereiteten Birnen sofort in das Zitronenwasser.

Lagerung

Lassen Sie die Birnen zwei Wochen durchziehen, ehe Sie sie verbrauchen. Die Essigbirnen können an einem kühlen Platz bis zu drei Monaten gelagert werden. Einmal geöffnet, sollten die Gläser bis zum Verbrauch im Kühlschrank stehen.

2 Bringen Sie das Wasser zum Sieden und kochen Sie die Birnen 15 Minuten oder so lange, bis sie weich sind. Schütten Sie die Birnen in einen Durchschlag. Gießen Sie den Essig in den Topf und fügen Sie den Zucker hinzu. Schneiden Sie die Kardamomkapseln auf, zerdrücken Sie die Pfefferkörner grob und geben Sie die Gewürze zusammen mit den Lorbeerblättern und der Orangenschale zu dem Essig. Bringen Sie das Ganze zum Kochen und lassen Sie es leise köcheln, bis sich der Zucker aufgelöst hat.

3 Geben Sie die Birnenhälften wieder in den Topf und lassen Sie sie unter mehrmaligem Wenden 10 Minuten köcheln. Heben Sie die Birnenhälften mit einem Schaumlöffel heraus und füllen Sie sie in vorgewärmte, trockene, sterilisierte Gläser. Seihen Sie den Essig in die Gläser, so daß die Birnen gut bedeckt sind. Geben Sie die Lorbeerblätter und die Orangenschale dazu und drücken Sie die Früchte mit zusammengeknülltem fettdichtem Papier fest in den Essig hinein. Verschließen Sie die Gläser luftdicht und lassen Sie sie auskühlen.

Das Sterilisieren der Gläser

Die Konservengläser werden zunächst in sehr heißem Wasser mit Spülmittel ausgewaschen, mit klarem Wasser abgespült und gut abgetrocknet. Dazu stellt man sie mit dem Boden nach oben in den warmen Backherd und läßt sie etwa 30 Minuten lang trocknen.

APFEL-TOMATEN-CHUTNEY

Dieses saftige goldbraune Chutney macht ein einfaches Käsesandwich zu einem außergewöhnlichen Imbiß.

ZUTATEN

1,5 kg Kochäpfel
1,5 kg Tomaten
2 große Zwiebeln
2 Knoblauchzehen
250 g entsteinte Datteln
2 rote Paprikafrüchte
3 getrocknete rote Chillies
1 EL schwarze Pfefferkörner
4 Kardamomkapseln
1 EL Koriander
2 TL Kreuzkümmel
2 TL Gelbwurzel
1 EL Salz
600 ml destillierter Malzessig
1 kg Kristallzucker

ERGIBT ETWA 4 GLÄSER

Lagerung

Lassen Sie das Chutney bis zu zwei Wochen stehen, ehe Sie davon kosten. Ungeöffnete Gläser lassen sich an einem kühlen, dunklen Platz bis zu einem Jahr lang lagern. Angebrochene Gläser werden im Kühlschrank aufbewahrt.

1 Vierteln, entkernen und schälen Sie die Äpfel. Häuten Sie die Tomaten, schälen Sie die Zwiebeln und den Knoblauch und schneiden Sie alles klein. Vierteln Sie die Datteln. Entfernen Sie die Stielansätze und die Samen der Paprikafrüchte, schneiden Sie den Paprika in Stücke. Geben Sie mit Ausnahme des Paprikas alles in einen großen Topf.

2 Schneiden Sie die Chillies auf. Geben Sie die Pfefferkörner und die übrigen Gewürze in einen Mörser und zerstoßen Sie sie grob. Geben Sie die zerstoßenen Gewürze, die Gelbwurzel und das Salz in den Topf.

3 Geben Sie den Essig und den Zucker dazu und bringen Sie das Ganze unter Rühren zum Kochen. Lassen Sie es 30 Minuten lang köcheln und rühren Sie die Masse gelegentlich um. Fügen Sie die Paprikastücke hinzu und lassen Sie alles weitere 30 Minuten kochen. Rühren Sie öfter um, sobald das Chutney dick und breiig wird.

4 Füllen Sie das Chutney mit einem Trichter in die vorbereiteten Gläser. Bedecken Sie das Chutney mit Wachspapier und verschließen Sie die Gläser mit Deckeln, die nicht von der Essigsäure angegriffen werden.

Aromatisch gewürzte Pfirsiche

Dieses Dessert ist ein großartiges Geschenk für jemanden, der nicht gern kocht. Es wird mit Vanilleeis oder fettreichem flüssigem Joghurt serviert, der mit Honig und in Scheiben geschnittenem kandiertem Ingwer aromatisiert ist.

ZUTATEN

500 g Kristallzucker
2 Zimtstangen
4 Sternanisfrüchte
1 kg Pfirsiche
300 ml Weinbrand

ERGIBT 1,5 LITER

UNTEN: Köstliche, aromatische Früchte – Pfirsiche und Kirschen, die in Sirup nach demselben Grundrezept eingelegt sind. Stellen Sie gleich mehrere Gläser davon her und verschenken Sie von jedem eins an vielbeschäftigte Freunde.

1 Gießen Sie 300 ml Wasser in einen Topf, geben Sie den Zucker dazu und erhitzen Sie das Ganze, bis der Zucker aufgelöst ist. Lassen Sie die Lösung 2 Minuten kochen. Brechen Sie die Zimtstangen einmal durch und geben Sie sie zusammen mit dem Sternanis in den Zuckersirup. Halbieren und entsteinen Sie die Pfirsiche und legen Sie sie in den Sirup ein. Bringen Sie den Sirup wieder zum Kochen, decken Sie den Topf zu und lassen Sie alles 5 Minuten lang köcheln. Wenden Sie die Pfirsichhälften dabei ein- oder zweimal.

2 Heben Sie die Pfirsichhälften mit einem Schaumlöffel aus dem Sirup heraus und füllen Sie sie zusammen mit den Gewürzen in zwei vorbereitete Gläser. Lassen Sie den Sirup 5 Minuten lang stark kochen. Gießen Sie die Gläser halbvoll. Füllen Sie die Gläser mit Weinbrand auf. Achten Sie darauf, daß die Früchte gut bedeckt sind. Geben Sie in jedes Glas ein Stück zerknülltes fettdichtes Papier, damit die Früchte nicht nach oben steigen. Verschließen Sie die Gläser und lassen Sie sie auskühlen.

Variation

ZIMTKIRSCHEN

Stellen Sie den Sirup wie oben beschrieben her und würzen Sie ihn nur mit 3 Zimtstangen. Entstielen und entsteinen Sie 1 kg Süßkirschen, garen Sie sie zwei Minuten in dem Sirup und behandeln Sie sie weiter wie die Pfirsiche.

Lagerung

Lassen Sie die Früchte vor dem Verbrauch sechs Wochen an einem kühlen, dunklen Platz stehen. Die Pfirsiche können anfangs nach oben steigen. Sobald sie jedoch mit Zuckerlösung gesättigt sind, sinken sie wieder nach unten. Haben Sie ein Glas geöffnet, dann stellen Sie es in den Kühlschrank.

DIAMETRO 70
PER ALIMENTI

WÜRZIGE SENFE

Köstlicher selbstgemachter Senf reift, wenn man ihm Zeit läßt, zu einer aromatischen Würze für Würstchen, gegrillte Steaks oder Kochschinken.

Lagerung

Lassen Sie den Senf bis zu zwei Wochen stehen, ehe Sie davon kosten. Die ungeöffneten Gläser halten sich an einem kühlen Platz bis zu zwei Monaten. Stellen Sie geöffnete Gläser in den Kühlschrank.

NELKENSENF

ZUTATEN

75 g weiße Senfkörner
50 g hellbrauner Zucker
1 TL Salz
1 TL Pfefferkörner
1 TL Gewürznelken
1 TL Gelbwurzel
200 ml destillierter Malzessig

ERGIBT 300 ML

1 Geben Sie Senfkörner, Zucker, Salz, Pfefferkörner, Gewürznelken und Gelbwurzel in einen Mixer und vermischen Sie alles miteinander.

LINKS: Pergamin sieht auf kleinen Gläsern sehr hübsch aus. Binden Sie es mit farbiger Schnur fest, um das Ganze rustikal aussehen zu lassen. Wenn Sie ein Glas Senf verschenken wollen, dann befestigen Sie eine der Zutaten als Dekoration an der Schnur.

2 Geben Sie nach und nach jeweils 1 EL Essig dazu und rühren Sie jedesmal gut um. Vermischen Sie alles, bis eine körnige Paste entstanden ist.

3 Lassen Sie die Paste 10 – 15 Minuten stehen, damit sie etwas andickt. Füllen Sie sie durch einen Trichter in ein Glas, das 300 ml faßt oder in mehrere kleinere Gläser. Decken Sie den Senf mit Wachspapier ab und verschließen Sie das Glas mit einem Schraubdeckel oder einem Korken.

OBEN: Füllen Sie den Senf in Gläser und binden Sie obenauf als Ihr Markenzeichen hübsche bunte Stoffstücke.

SENF MIT ROTEN PFEFFERKÖRNERN

ZUTATEN

75 g weiße Senfkörner
50 g hellbrauner Zucker
1 TL Salz
¼ TL Gelbwurzel
200 ml destillierter Malzessig
1 EL ganze rote Pfefferkörner

ERGIBT 300 ML

Geben Sie Senfkörner, Zucker, Salz und Gelbwurzel in einen Mixer. Vermischen Sie alles miteinander und geben Sie nach und nach den Essig zu, bis eine dicke Paste entsteht. Geben Sie die roten Pfefferkörner dazu und mischen Sie sie grob unter. Machen Sie weiter wie in den Arbeitsschritten 2 und 3 für Nelkensenf beschrieben.

FEINER KRÄUTERSENF

ZUTATEN

75 g weiße Senfkörner
50 g hellbrauner Zucker
1 TL Salz
1 TL ganze Pfefferkörner
¼ TL Gelbwurzel
200 ml destillierter Malzessig
4 EL gehackte frische gemischte Kräuter, z. B. Petersilie, Salbei, Thymian und Rosmarin

ERGIBT 300 ML

Stellen Sie den Senf her wie im Rezept für Nelkensenf beschrieben. Geben Sie zum Schluß die Kräuter zu.

KNOBLAUCH-CHILLIE-SENF

ZUTATEN

40 g weiße Senfkörner
40 g schwarze Senfkörner
50 g hellbrauner Zucker
1 TL Salz
1 TL ganze Pfefferkörner
2 TL Tomatenmark
1 getrocknete rote Chilliefrucht
1 große Knoblauchzehe
200 ml destillierter Malzessig

ERGIBT 300 ML

Stellen Sie den Senf her wie im Rezept für Nelkensenf beschrieben.

UNTEN (VON LINKS): Senf mit roten Pfefferkörnern, Feiner Kräutersenf und Knoblauch-Chillie-Senf – eine ausgezeichnete Auswahl für jede Speisekammer.

WÜRZIGER FETA MIT OLIVEN

Marinierte Fetawürfel mit Gewürzen und Oliven sind das ideale Geschenk für Liebhaber von Salaten. Sie ergeben ein köstliches Sommerdressing. Verteilen Sie Marinade, Gewürze und eine Extraportion Käse einfach über grüne Salatblätter, servieren Sie dazu warmes, knuspriges Brot – und schon haben Sie eine schnelle und nahrhafte sommerliche Mahlzeit oder eine leichte Vorspeise, die von der Küche der Mittelmeerländer inspiriert ist.

ZUTATEN

500 g Feta
50 g gefüllte Oliven
2 TL Koriander
2 TL ganze Pfefferkörner
1 TL Chilliesamen
einige Zweige frischer Rosmarin oder Thymian
750 ml natives Olivenöl

ERGIBT 5 KLEINE GLÄSER

Lagerung

Der würzige Feta mit Oliven ist in luftdicht verschlossenen Gläsern im Kühlschrank bis zu drei Wochen haltbar.

1 Lassen Sie den Feta abtropfen, schneiden Sie ihn in Würfel. Schneiden Sie die Oliven in Scheiben. Zerdrücken Sie den Koriander und die Pfefferkörner im Mörser und geben Sie die Gewürze dann zusammen mit den Oliven, den Chilliesamen und den Rosmarin- oder Thymianblättern zu dem Käse. Rühren Sie das Ganze leicht durch.

2 Füllen Sie den Käse in warme, trockene, sterilisierte Gläser und begießen Sie ihn mit Olivenöl. Achten Sie darauf, daß der Käse von dem Öl gut bedeckt ist. Verschließen Sie die Gläser mit einem Schraubdeckel oder einem Schnappverschluß. Der Verschluß muß luftdicht sein, damit der Käse frisch bleibt.

LINKS: Kleine Gläser mit quadratischer Grundfläche sind eine attraktive Verpackung für dieses Sommerdressing. Sie wiederholen die Form der Fetawürfel.

WÜRZIGE ÖLE UND ESSIGE

Öle und Essige, aromatisiert mit ganzen oder frischgemahlenen Gewürzen, bringen eine pikante Note in jedes Rezept. Sie sind das ideale Geschenk für alle begeisterten Köche und sehen dazu im Küchenregal attraktiv und exotisch aus.
Geben Sie damit einfachen Salatsaucen ein besonderes Aroma, träufeln Sie das Öl wie bei italienischer Bruschetta über geröstetes Knoblauchbrot oder braten Sie darin Steaks oder Huhn. Der Essig läßt sich zum Würzen von Aufläufen oder so wie er ist, als Marinade verwenden.

CHILLIE-ESSIG

ZUTATEN

6 getrocknete rote Chillies
2 TL schwarze Pfefferkörner
2 TL Gewürznelken
3 Zimtstangen
1 Liter Rotweinessig
Gewürze zum Dekorieren

ERGIBT 1 LITER

1 Schneiden Sie die Chillies längs auf und zerdrücken Sie die Pfefferkörner grob. Geben Sie sie zusammen mit den Gewürznelken und den Zimtstangen in eine Kasserolle. Lassen Sie sie ohne Fett eine Minute lang braten, um das Aroma freizusetzen.

2 Gießen Sie den Essig zu und bringen Sie ihn zum Kochen. Nach dem Abkühlen in sterilisierte und luftdicht verschlossene Gläser mit Schraubdeckel gießen.

3 Seihen Sie den Essig durch und füllen Sie ihn in sterilisierte Flaschen um. Geben Sie eine neue Zimtstange, zwei getrocknete Chillies sowie einige Gewürznelken und Pfefferkörner in jede Flasche. Verschließen Sie die Flaschen luftdicht.

Lagerung

Die Öle und Essige sind an einem kühlen Platz bis zu drei Monate haltbar.

WÜRZIGES OLIVENÖL

ZUTATEN

2 EL Koriander
1 EL Kreuzkümmel
1 EL Kardamom
1 Liter natives Olivenöl Extra
4 Lorbeerblätter
Lorbeerblätter und andere Gewürze zum Dekorieren

ERGIBT 1 LITER

1 Zerdrücken Sie den Koriander und den Kümmel grob im Mörser. Brechen Sie mit dem Stößel die Kardamomkapseln auf und geben Sie alle Gewürze in eine Kasserolle. Lassen Sie sie ohne Fett braten.

2 Nehmen Sie die Kasserolle vom Herd und geben Sie das Öl zu. Gießen Sie das Ganze in ein großes sterilisiertes Glas mit Schraubdeckel oder in eine Flasche. Fügen Sie die Lorbeerblätter hinzu und verschließen Sie das Gefäß luftdicht.

3 Das Gefäß an einen kühlen, dunklen Ort stellen und jeden Tag umdrehen. Gießen Sie das Öl durch ein Sieb und füllen Sie es in hübsche sterilisierte Flaschen um. Geben Sie in jede Flasche zusätzlich ein Lorbeerblatt und einige unzerkleinerte Gewürze und verschließen Sie die Flaschen luftdicht mit Korken oder Schraubdeckeln.

Mediterrane marinierte Paprikafrüchte

Diese sehr dekorativen und köstlichen Paprikafrüchte können Teil einer Platte mit gemischten Vorspeisen sein, als leichtes Mittag- oder Abendessen zu Pasta gereicht oder als Beilage zu einer größeren Mahlzeit serviert werden.

ZUTATEN

1 kg gemischte Paprikafrüchte (rot, gelb, orange)
500 ml natives Olivenöl Extra
2 Knoblauchzehen
1 Zimtstange
½ TL schwarze Pfefferkörner
6 Gewürznelken
6 getrocknete rote Chillies

ERGIBT 4 KLEINE GLÄSER

1 Heizen Sie den Backofen auf hoher Stufe vor. Halbieren, entstielen und entkernen Sie die Paprikafrüchte und schneiden Sie sie in große Stücke. Legen Sie sie mit der Außenseite nach oben auf ein Backblech, mit etwas Olivenöl bestreichen und grillen, bis die Haut schwarz wird und bedeckt mit einem Tuch auskühlen lassen.

2 Geben Sie den in Scheiben geschnittenen Knoblauch, die halbe Zimtstange und die Gewürze mit etwas Öl in einen Topf. Lassen Sie alles eine Minute braten, gießen Sie das restliche Öl zu und zum Kochen bringen.

3 Entfernen Sie mit einem scharfen Messer die Haut von den Paprikafrüchten und füllen Sie die Paprikastücke in warme und trockene sterilisierte Gläser. Gießen Sie das abgekühlte Öl über den Paprika. Achten Sie darauf, daß alle Stücke gut mit Öl bedeckt sind. Verschließen Sie die Gläser luftdicht mit Schraubdeckeln. Wenn Sie die marinierten Paprikafrüchte verschenken wollen, dann gestalten Sie die Deckel dekorativ und kleben Sie Etiketten auf die Gläser.

Lagerung

Die marinierten Paprikafrüchte sind in luftdicht verschlossenen Gefäßen im Kühlschrank bis zu drei Wochen haltbar. Bringen Sie sie vor dem Servieren auf Zimmertemperatur.

INGWERTRÜFFELN

Diese gehaltvollen, wunderbar sahnigen Trüffeln sind mit Ingwerstückchen garniert, mit dunkler Schokolade überzogen und mit weißer Schokolade aus der Spritztüte verziert. In einer hübschen Schachtel verpackt, sind sie ein wirklich unwiderstehliches Geschenk.

ZUTATEN

150 ml Double Cream (extrafette Sahne)
150 g dunkle Schokolade
25 g Butter
2 EL Weinbrand
1 EL kandierter Ingwer oder in Stücke geschnittene Ingwerwurzel in Zuckersirup

FÜR DEN ÜBERZUG

1 EL Kakaopulver
225 g dunkle Schokolade
kandierter Ingwer, zerkleinert
50 g weiße Schokolade

ERGIBT ETWA 30 TRÜFFELN

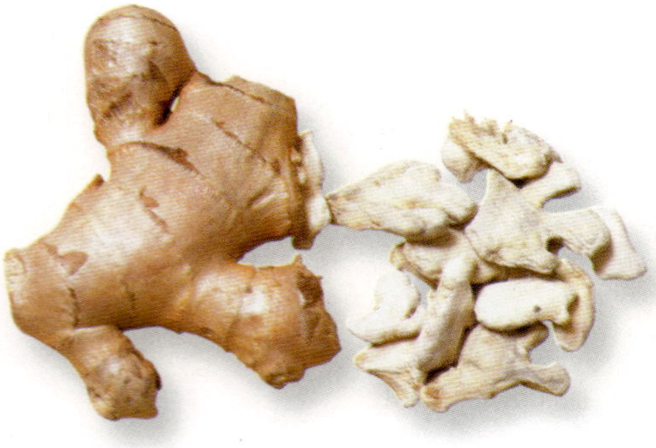

1 Geben Sie die Sahne in einen Topf mit schwerem Boden und bringen Sie sie zum Kochen. Nehmen Sie den Topf vom Herd. Brechen Sie die dunkle Schokolade in Stücke und geben Sie sie zusammen mit der in Stücke geschnittenen Butter zu der heißen Sahne. Lassen Sie das Ganze 5 Minuten stehen und rühren Sie gelegentlich, bis die Schokolade und die Butter vollständig geschmolzen sind. Erhitzen Sie die Sahne nochmals kurz, wenn die Schokolade und die Butter nicht ganz schmelzen.

Lagerung

Die Trüffeln sind im Kühlschrank bis zu 2 Wochen haltbar.

2 Rühren Sie den Weinbrand unter und schlagen Sie die Mischung mit dem elektrischen Mixer 5 – 10 Minuten lang, bis die Masse dick ist. Schneiden Sie den Ingwer in kleine Stücke und rühren Sie sie unter. Decken Sie den Topf zu und stellen Sie die Masse 2 – 3 Stunden kalt, bis sie fest ist.

3 Schütten Sie das Kakaopulver auf einen Teller. Stippen Sie einen Teelöffel voll von der Masse leicht in den Kakao und rollen Sie sie mit den Händen zu einer Kugel. Wiederholen Sie den Arbeitsgang, bis die Masse aufgebraucht ist.

4 Bevor Sie weiterarbeiten, stellen Sie die Trüffeln für 30 Minuten in den Gefrierschrank oder einige Stunden lang an einen kalten Platz, bis sie hart sind. Stellen Sie eine Schüssel auf einen Topf mit leise kochendem Wasser. Brechen Sie die restliche dunkle Schokolade in Stücke und lassen Sie sie in der Schüssel schmelzen. Rühren Sie die Schokolade leicht um. Stecken Sie eine Trüffel auf eine Gabel und gießen Sie mit einem Löffel geschmolzene Schokolade darüber, bis die Trüffel überzogen ist. Legen Sie sie auf ein mit Back- oder Wachspapier ausgelegtes Backblech.

5 Hacken Sie zum Schluß den Ingwer grob, streuen Sie ihn auf die Trüffeln und lassen Sie diese dann abkühlen und fest werden. Schmelzen Sie die weiße Schokolade wie oben beschrieben. Füllen Sie damit eine Spritztüte aus Backpapier, schneiden Sie die Spitze ab und spritzen Sie Schnörkellinien auf die Trüffeln. Lassen Sie sie im Kühlschrank fest werden. Setzen Sie die Trüffeln danach in Petit-four-Förmchen und packen Sie sie in Schachteln. Verschließen Sie sie mit einem Deckel oder mit Zellophan.

HONIGPLÄTZCHEN NACH ART DER SHAKER

Diese köstlichen, würzigen Plätzchen sind, in hübsche Schachteln verpackt, ein elegantes Geschenk für Alt und Jung. Kinder werden sie nicht nur als Geschenk schätzen, sondern sich auch gern beteiligen, wenn diese Kekse als Überraschung für Großeltern oder andere Verwandte gebacken werden.

ZUTATEN

50 g Butter
100 g hellbrauner Zucker
3 EL flüssiger Honig
2 EL Orangensaft oder Milch
225 g Weizenmehl
1½ TL Natron
1 TL gemahlener Ingwer
¼ TL gemahlener Piment
¼ TL gemahlener Zimt

GARNIERUNG

3 EL Orangensaft oder Milch
100 g Puderzucker

ERGIBT ETWA 25 PLÄTZCHEN

1 Bestreichen Sie zwei Backbleche mit etwas Öl und heizen Sie den Backofen auf 160 °C vor. Geben Sie die Butter, den Zucker und den Honig in einen Topf und erwärmen Sie das Ganze langsam und unter gelegentlichem Rühren, bis die Butter geschmolzen ist.

2 Geben Sie den Orangensaft oder die Milch dazu. Sieben Sie das Mehl, das Natron und die Gewürze in den Topf und rühren Sie mit einem Holzlöffel, bis ein weicher Teig entstanden ist. Lassen Sie den Teig 15 Minuten abkühlen. Geben Sie ihn danach auf eine bemehlte Fläche, kneten Sie ihn leicht und rollen Sie ihn dann aus. Schneiden Sie daraus Herz- und Handformen oder benutzen Sie Ausstechformen.

3 Legen Sie die Teigformen auf die Backbleche. Backen Sie sie 8 – 10 Minuten lang, bis sie gebräunt sind. Lassen Sie sie auf den Blechen abkühlen und setzen Sie sie dann auf ein Kuchengitter. Um die Glasur herzustellen, vermischen Sie den Orangensaft oder Wasser nach und nach mit dem Puderzucker zu einem dicken Brei. Spritzen Sie eine Garnierung auf. Lassen Sie die Plätzchen über Nacht stehen, bevor Sie sie in Schachteln oder Blechdosen verpacken.

Lagerung

Die Plätzchen sind bei Raumtemperatur bis zu 10 Tage haltbar.

OBEN: Wandeln Sie das Hand- und das Herzmotiv zu verschiedenen Formen ab.

RECHTS: Wenn Sie die Teigformen vor dem Backen mit Löchern versehen, können Sie sie als Baumschmuck verwenden.

Tip

Anstelle der Puderzuckerglasur kann man auch geschmolzene weiße oder dunkle Schokolade verwenden. Die Plätzchen sollten dann jedoch innerhalb von drei Tagen verzehrt werden, da die Schokolade sonst ihren appetitlichen Glanz verliert.

SCHABLONEN

Zum Vergrößern der Schablonen läßt sich entweder ein Gitternetz oder ein Fotokopierer benutzen. Wenn Sie mit dem Gitternetz arbeiten wollen, dann fertigen Sie von der gewünschten Schablone eine Pause an und zeichnen darauf ein Netz aus Linien, die gleichgroße Quadrate bilden. Zeichnen Sie auf einen anderen Bogen Papier ein größeres Gitternetz. Übertragen Sie nun den Schablonenumriß Quadrat für Quadrat auf das zweite Gitter. Zeichnen Sie den Umriß in einer fortlaufenden Linie nach.

Duftkissen
(tatsächliche Größe)

Duftherz für den Kleiderschrank
(50 % der tatsächlichen Größe)

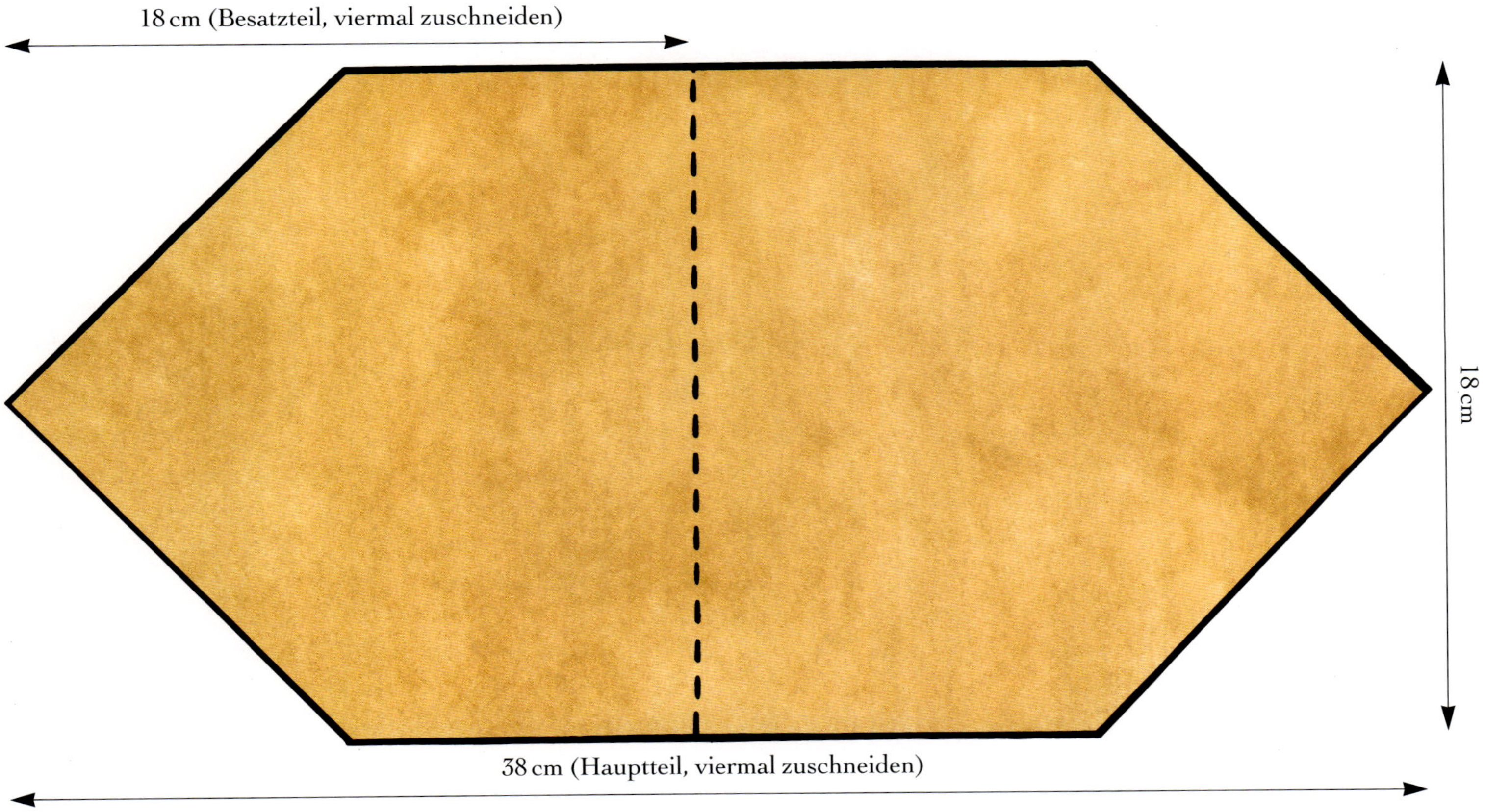

Duftender Toilettenbeutel
(50% der tatsächlichen Größe)

STICHWORTVERZEICHNIS

A
Abkochungen 14
Anis 19
Apfel-Tomaten-Chutney 108
Aromatherapie 6, 14
Ätherische Öle 14, 79
Aufgüsse 14

B
Bilderrahmen aus Zimtstangen 50
Bockshornklee 23

C
Cayennepfeffer 20
Chillies 6, 12, 21, 30, 31
  Chillie-Essig 116
  Struwwelpeter-Formbaum 46
Chinesische Zimtrinde 20, 42, 79
  Kleiderbügel mit Duftpolster 84 – 85
Citrus-Feuchtigkeitscreme 94

D
Decke mit Muskatnußrand 48 – 49
Duftender Toilettenbeutel 92 – 93
Duftherz für den Kleiderschrank 82 – 83
Duftkissen 80 – 81
Duftkugeln 78
  Duftkugeln mit Kardamom 90
  Klassische Duftkugeln 88
Duftlampen 15

E
Essigbirnen, Würzige 106

F
Fenchel 22, 30
  Duftendes Gewürzkissen 40 – 41
Feta mit Oliven, Würziger 114
Formbäume
  Miniaturformbäume aus Gewürzen 58 – 59
  Struwwelpeter-Gewürzbaum 46

G
Gelbwurzel 27
Geschenkverpackung mit Sternanis 64 – 65
Gewürzhandel 10 – 13
Gewürzkollektion im Bilderrahmen 38 – 39
Gewürzkranz im Shaker-Stil 70
Gewürznelken 6, 12, 13, 21, 30, 31, 59, 79
  Aromatisch duftender Untersetzer 72 – 73
  Duftherz für den Kleiderschrank 82 – 83
  Gewürzobelisk 44 – 45
  Kerze und Kerzenhalter mit Gewürznelken 69
  Kissen mit Gewürznelkenfüllung 42
  Klassische Duftkugeln 88 – 89
Gewürzobelisk 44 – 45
Gewürzschnur, Einfache 68
Girlanden
  Girlande aus Lorbeer und Orangen 66
Glühwein 105

H
Honigplätzchen nach Art der Shaker 122 – 123

I
Ingwer 23
  Heißer Ingwer-Toddy 104
  Ingwertrüffeln 120 – 121
  Körperreinigungsmittel mit Ingwer 96
Inhalationen 14, 15, 79

K
Kardamom 6, 20, 30, 79
  Duftende Serviettenringe 60 – 61
  Duftender Toilettenbeutel 92 – 93
  Duftendes Gewürzkissen 40 – 41
  Duftkissen 80 – 81
  Duftkugeln mit Kardamom 90
Kissen
  Duftendes Gewürzkissen 40 – 41
  Kissen mit Gewürznelkenfüllung 42

Kleiderbügel mit Duftpolster
84 – 85
Koriander 10, 22, 30
Kranz aus gemischten Gewürzen 34 – 35
Kreuzkümmel 22, 30
Kümmel 19

L
Lampenschirm mit Muskatnüssen 32 – 33
Lemongras 24
Lemongrasseife 98
Lorbeer 19
Gewürzkranz im Shaker-Stil
70 – 71
Girlande aus Lorbeer und
Orangen 66

M
Mediterrane marinierte
Paprikafrüchte 118
Medizinische Anwendungen
14 – 15
Miniaturformbäume aus
Gewürzen 58 – 59
Mohn 10, 26
Muskatblüte 6, 12, 24, 78
Muskatnuß 6, 12, 13, 25,
30, 78
Decke mit Muskatnußrand
48 – 49
Herz aus Muskatnüssen und
Zimtstangen 52
Lampenschirm mit
Muskatnüssen 32 – 33

O
Olivenöl, Würziges 117
Orangen, Getrocknete 30
Gewürzkranz im Shaker-Stil
70 – 71

P
Paprika 25
Pfeffer 12, 25, 30, 58
Pfefferbaumbeeren 6
Dekorativer Blumentopf 74
Pfirsiche, Aromatisch gewürzte
110
Piment 12, 18
Potpourri aus Gewürzen 86

R
Rentiermoos 31

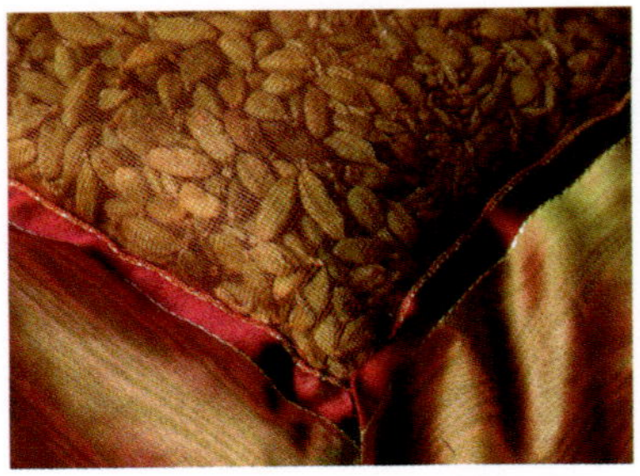

S
Safran 11, 26
Senf 24
Feiner Kräutersenf 112
Knoblauch-Chillie-Senf 113
Nelkensenf 113
Senf mit roten Pfefferkörnern
113
Serviettenringe, Duftende 60
Sesam 26, 30
Sternanis 6, 27, 30, 31, 57, 59
Geschenkverpackung mit
Sternanis 64 – 65
Gewürzobelisk 44 – 45

T
Tischschmuck aus Gewürzen
62
Trockenblumen 6, 31

U
Untersetzer, Aromatisch
duftender 72 – 73
Untersetzer, Duftende 36

V
Vanille 12, 27
Volksmedizin 14

W
Wacholder 23

Z
Zimt 6, 12, 13, 21, 30, 31,
60, 79
Bilderrahmen aus Zimtstangen 50
Dekorativer Blumentopf 74
Duftende Untersetzer 36
Gewürzkranz im Shaker-Stil
70 – 71
Herz aus Muskatnüssen und
Zimtstangen 52
Zimtkirschen 110
Zimttee 105

DANKSAGUNG

Mein ganz besonderer Dank gilt allen, die in harter Arbeit am Erscheinen des Buches mitgewirkt haben:
Michelle Garrett, deren Fotografien die betörende Natur der Gewürze so schön eingefangen haben, und Dulcie, ihrer Assistentin, die während der Aufnahmen so gut für uns gesorgt hat; Sara Lewis für ihre schmackhaften und phantasievollen Rezepte im Kapitel „Köstliche Geschenke"; Karin Hossack für ihre ganz hervorragenden klassischen Duftkugeln; Helen Sudell für all ihre Hilfe in den schwierigsten Situationen und das gewissenhafte Verfolgen des Projekts, selbst als Klein-Thomas so viele Wochen vor seiner Zeit zur Welt kam. Ich danke auch Joanne Rippin dafür, daß sie die Zügel in die Hand genommen und das Buch durch die Herstellung geleitet hat; Deborah Savage für ihre wohlüberlegte und feinfühlige Redaktionsarbeit; Nigel Partridge, dessen Gestaltung das Buch zu einem solchen Genuß gemacht hat; und jedermann, der seinen Teil zum Aussehen des Buches beigetragen hat; Christopher White von der Firma Fiddespayne, der die Gewürze für das Projekt lieferte; David Wainwright, der uns so großzügig sein Haus als Aufnahmeort für einige Projekte zur Verfügung stellte; Cleo Mussi, die uns ihr prächtiges, farbenfreudiges Mosaik als Hintergrund für die Aufnahmen zum Kapitel „Duftende Gewürze" überließ.